臺灣之美

發現，臺灣風土之美

柯華葳◎策畫
謝文賢◎文　詹迪薾◎圖

【總序】

臺灣的符號

◎柯華葳

每當參與國際會議，大會要求與會人員穿本國服裝出席時，我總會煩惱穿哪種款式，因為具有臺灣特色的服飾不算少，如各族原民服飾各有傳奇在其中，客家花布也讓人眼睛一亮。當然臺客、臺妹穿的，都是特色。在這麼多的選擇中，什麼服飾最能代表臺灣的符號？有時我偷懶，不在服飾上打轉，直接端出鳳梨酥，也贏得滿滿的掌聲。我也曾和朋友討論什麼歌最普遍，全民都在傳唱？記得在國外留學時，大家聚會唱起〈龍的傳人〉或是〈補破網〉，有人唱得淚流滿面，有人慷慨激昂，無論如何，都開了口唱出代表「我們的情、我們的意」的歌曲。還有一篇小學課本裡的課文〈爸爸捕魚去〉，當同伴中有人開口念「天這麼黑，風這麼大……」接著就會有人跟著一起朗誦。當下真感受到我們是一起長大的，有共同的記憶。這些東西讓大家得以凝聚，真是非常美好、幸福的感受。

在上個世紀，曾有國外新聞雜誌以「貪婪之島」來描述臺灣，讓大家痛心。

好些年下來，臺灣越來越多元，慢慢琢磨出不同的生活方式、文化底蘊，讓人驚豔。我們逐漸贏得了友善、親切，以及樂於助人的形象。臺灣美食、美景雖是觀光局主打的廣告，但我認識幾位外國朋友，則是因臺灣一些清靜的民宿和親切的主人，讓他們可以真正放鬆休息而來的。

整體來說，我們有太多的好東西，但什麼符號可以說出故事，表徵臺灣？此時獨尊一項，已不周全。在眾多選擇中，如何凝聚大同小異，不是件容易的事。例如我參加會議時，有非洲代表當著我的面豎起大拇指，說：「Taiwan, number 1!」他說的是臺灣學生在國際評比上亮眼的表現。臺灣教育是有名聲的。但許多朋友一講到我們的教育就皺眉頭。或許善於批評也是臺灣的特色，是促成進步的動力。我相信在批評和讚美拉扯中，我們會慢慢形成大家對臺灣故事的共識，讓記憶傳承下去；進而協助下一代在眾聲喧譁中，學習怎麼看身處的這塊土地和人們，認識自己的過去和未來。

在一次喜宴上，幼獅文化劉淑華總編輯和我坐一起，聊著聊著，我又想到代表臺灣的故事這議題，我們兩人當下同意，需要整理一些代表臺灣的「東西」和故事。淑華總編輯是行動者，過兩天就找我再商量。我們兩人上天下海的聊，由天空想起，如果在天上看，什麼代表臺灣？若由巷道穿過，又會看到什麼？若看臺灣的人呢？哇，一大堆東西！我們還想到要如何形成多數人的共識。淑華總編輯比較務實，著手整理題目，說：回去找人寫！這就是本書以及讀者會陸續讀到系列故事的由來。

這些內容或許對許多讀者來說不算陌生，但透過這些故事，我們可以慢慢討論，找出臺灣的價值、臺灣的個性和臺灣的符號。這是我們的期盼。

【作者的話】

最美好的發現

◎謝文賢

跟一整個地球比起來，臺灣很小，更不用說在宇宙中的分量了，就算上帝用放大鏡看，大概也不容易發現臺灣吧。但是，在這樣一座小小的島嶼裡頭，卻生長著最美麗的蘭花和品種優良的茶，擁有世界級的天燈美景和獨一無二的媽祖遶境儀式，還發展出華麗燦爛的歌仔戲和結合科技進軍全球的布袋戲，更不說幾千年前就在臺灣落腳，勇敢又可愛的原住民族群們。我們臺灣的面積雖然不大，卻不停散發出足以照亮世界的光芒，想要忽視，我看也很難呢。

臺灣文明發展的歷史很短，只有大約四百年的時間，在這之前一直都像是漂流在海上的大鯨魚一樣，自由自在的存在著，除了原住民和零星的外來者之外，並沒有很多人來打擾它，那時候島上的植物和動物（包括人）都很快樂。

後來，臺灣就發生了很多事情。

葡萄牙人、西班牙人、荷蘭人相繼來到臺灣，連海盜都把臺灣當作私藏寶物的據點，接著，鄭成功來把荷蘭人趕走，在臺南建立了東寧王朝，但沒多久，東寧王朝又被滿清政府打垮了，也就在這時候，臺灣與大陸開始積極的通商。到了一八九五年，清朝在甲午戰爭中吃了敗仗，選擇把臺灣割讓給日本，臺灣便進入了整整五十年的日治時期。第二次世界大戰結束，日本戰敗，中華民國政府接管了臺灣，直到今天。短短的幾百年裡有許多國家、許多的人來來去去，不停創造臺灣的歷史，後來我出生了，沒多久，小讀者你也出生了，我們會有自己的故事，我們的故事也將加入臺灣的歷史裡。

來說一點我的故事吧。

我住在臺中，外婆家住花蓮，小時候全家人陪著媽媽回娘家，如果走中部橫貫公路直接切過臺灣，那是距離最近的路線，但因為全線幾乎都是山路，車速沒辦法很快，而且中橫公路是那時候全臺灣最有名的一條道路，不僅建造難度讓世界各國讚嘆，而且沿途都是美麗的風景，過年過節的時候簡直是全世界最長的一輛車——塞車！因此，雖然距離比較近，但旅程時間反而會久一點。

而如果我們選擇繞著臺灣走，那麼不管從臺中往北走，途經苗栗、新竹、桃園、臺北、宜蘭，或著往南走，越過彰化、雲林、嘉義、臺南、高雄、屏東、臺東，每一趟路至少都要繞臺灣半圈，加上回程，那路程就幾乎等於環島了。

因為每年跟著家人這樣跑，每次國小課本考中橫公路的地名，同學們背得死去活來時，我總是可以輕鬆答對。也因此，有很長一段時間我以為自己對臺灣已經從頭到尾認識透徹了，那時候，臺灣對我來說一點都不新鮮，畢竟，自己從小住到大的地方有什麼好玩的呢？國外隨便一個國家一定都比臺灣漂亮，也比臺灣好玩，這是當時我心裡的想法。

後來，慢慢長大，因為工作或旅行的關係，去了比小時候更多的地方，看到了小時候從來沒看過的東西，才發現，臺灣的歷史與文化這麼精采有趣，臺灣比我原來的想像還要好玩太多了，我用一種全新的眼光重新認識了自己的家——臺灣，也變得越來越愛它。

寫這本書時，查了許多資料，發現即使再小的地方，都會有它自己光榮的歷史；再平凡的人群，也有他們獨特的文化；而不管多麼簡單的事物，也都有令人驚豔的一面。

發現，這些關於臺灣的美好故事，就是我寫這本書最大的收穫。

目錄

臺灣傳統民俗節慶

原住民祭典

臺灣特亮點

臺灣傳統民俗節慶

輝煌的歷史——鹽水蜂炮

聽過「一府、二鹿、三艋舺」嗎？

你知道在近四百年前的臺灣，還有另一個城鎮，繁榮的程度足以跟這三座大城平起平坐嗎？而且如果從開發的時間點來看，這座小鎮甚至比「府城」、「鹿港」跟「艋舺」這三座城市的歷史還悠久呢。

這座小鎮叫做「月津」，也叫做「月港」或「鹽水港」，就是現在臺南市的鹽水區。每年元宵節全臺灣最重要的慶典活動之一「鹽水蜂炮」就是在這裡舉行的。

正式介紹鹽水蜂炮之前，讓我們先來認識鹽水這個地方。

八掌溪外繁華的商港

鹽水區位在臺南市的北部，距離人口密集的安平區、永康區等地區較遠，所以比較沒有那麼熱鬧繁華，但卻有一股難以隱藏的歷史風華，因為鹽水區可是臺南市最老的城市，也是全臺灣最古老的城鎮之一呢，厲害吧。鹽水區內因為有八掌溪與急水溪兩條河流經過，豐沛的溪水沖積出一片廣大肥沃的平原，物產豐富，適宜居住。

鹽水區的開發到底有多早呢？告訴你，那可是比鄭成功到臺灣來打跑荷蘭人的時代還早哩！

其實，四百年前的鹽水地區並不是現在這個樣子，那時在八掌溪的出海口附近有一處天然形成的內海，稱作「倒風內海」，鹽水區就是倒風內海的一處港口小鎮，早期被稱作「大龜肉庄」，據說這個名稱就是取自西拉雅族語中「潟湖」的諧音，而潟湖也就是內海逐漸形成的鹹水湖。後來大概是為了文雅好聽，又改稱為「大圭壁庄」。因為海港內凹的地形就像一個彎彎的弦月，所以又有「月津」或「月港」這樣美麗的名字，至於我們現在稱呼的「鹽水」這個地名，顧名思義，就是海水灌入港口，水鹹鹹的意思。當年的鹽水港，位居八掌溪與急水溪出海口，地勢平坦肥沃，又有一個天然形成的港灣，船隻出入方便，占盡了天時地利人和，吸引許多經商人士到這個地方來做生意，船隻、車輛與人潮絡繹不絕，各種商品應有盡有、琳琅滿目，是人們逛街採買的重要據點。

這樣的繁華熱鬧持續了兩、三百年，臺灣這個寶島也經歷了許多動蕩，直到一百多年前日本人來了，開始在臺灣推動許多現代化的建設，其中包括西部鐵路縱貫線。鹽水區原本要設置火車站的，但因為居民們覺得火車行進的樣子就像火龍一樣，怕會破壞了鹽水地區的好風水，堅持拒絕火車站進駐。這一個重要的決定，使得鹽水失去了陸上交通的優勢，後來，鹽水港因為泥沙淤塞，海岸線逐漸後退也不再能停泊船隻。在陸上與海上交通優勢盡失的狀況下，鹽水地區只能隨著時間慢慢褪去繁華的外衣。

關公出巡驅瘟疫

了解鹽水地區的興衰後，那麼，鹽水蜂炮的歷史又是從什麼時候開始發生的呢？

這就要提到鹽水地區非常有名的「武廟」了。

鹽水武廟創建於一六三八年，廟裡供奉的主神是大名鼎鼎的關公，因為關公重情重義、信守承諾的形象，很多經商的人對關公都很崇拜，把關公當作誠實守信的典範，總會準備許多供品到武廟來祭拜。

據說在一百多年前，鹽水地區因為人口密集，再加上醫學還沒有這麼發達，常常會爆發一些傳染病。這一年，病毒傳染得特別嚴重，許多人都染病而死，造成人心惶惶。

「怎麼辦？」村裡人被瘟疫折磨得面黃肌瘦，不太敢出門，見了面也總是互相詢問解決辦法，「這瘟疫再蔓延下去，我看我們鹽水港就快要不能住人了。」

「唉，我也……咳，咳咳……」

「你……你該不會也染病了吧？」

「我……我沒，我沒啊，咳咳……」

「別，你別靠近過來，救命啊！」

每個人害怕被別人傳染，除非必要都不出門，尤其是家中有小孩的，幾乎就等於軟禁在家裡。人們接觸減少，原本活絡的商業行為就逐漸冷淡下來，原本一個熱鬧的商港，因為瘟疫而顯得冷冷清清，許多商家甚至關門倒閉。一邊是恐怖的傳染疾病，一邊卻又要面臨經濟蕭條的威脅，鹽水港民苦不堪言。

因為當時的醫學絲毫無法阻止瘟疫擴散，在絕望中，人們便轉而向虔誠信仰的關聖帝君祈求。

這一天是個黃道吉日，廟內神桌上擺滿了供品，大廳外擠滿了探頭探腦的人們，乩童搖頭晃腦的持續與神明溝通，大家都期待著。

終於，乩童得到指示，要居民們以廟內的周倉將軍當開路先鋒，並用神轎抬出關公，親自殿後壓陣，在農曆元月十三日到元月十五日之間，

連續出巡遶境三天三夜，以驅離瘟疫病毒。這三天內居民要一路跟隨，不斷燃放鞭炮以增加神明的威力，並將炮火回饋給關公。

大家聽了這指示，紛紛回家準備，到了過完年的元月十三日，周倉將軍的大神尪仔很有氣勢的走出武廟大殿，隨後，關公的神轎也由幾位居民浩浩蕩蕩扛出，開始了為期三天的烽火遶境。

說來神奇，關公遶境之後，瘟疫疫情竟然真的漸漸受到控制，甚至完全消失不見，鹽水港又恢復了往日的繁華榮光。解決了瘟疫問題，鹽水港簡直像重新撿回一條命，居民們實在太高興了，準備了大量的供品到武廟來感謝神恩，豐盛的供品幾乎把武廟擠爆了。為了感謝關公的保佑和幫忙，隔年元宵節前後三天，居民們也比照去年，準備了大量的煙火來施放，奉獻給關公。整座鹽水港到了元宵節時，就像不夜城一樣，煙火滿天，非常漂亮。再隔一年，大家依然如此，習慣便漸漸演變成一種習俗。已經脫離瘟疫威脅的人們開始以輕鬆的心情來舉辦這樣的盛會，製作炮架、炮臺，想出許多更精采更漂亮的煙火施放方式，雖然是宗教儀式，但更像一場人與神共同參與的嘉年華會。

附帶一提，二〇〇七年的元宵節，鹽水鎮還曾以長達十三・六公里的超長炮串「火龍傳奇」挑戰金氏世界紀錄呢。當引心點燃，炮串像火龍一樣快速的爆裂飛竄，火光與煙霧從地上冒出來，一路嗶剝轟碰，響個不停。炮火經過的地方都有人鼓掌叫好，就像在看鞭炮的接力賽一樣，所有人都很緊張，好怕炮串在哪個地方「掉棒」。當鞭炮終於成功爆出最後聲響那一刻，所有人都感動又開心，有的兩三人抱在一起，有的一群人抱在一起，又哭又笑又吼又叫，就像一串一串小鞭炮一樣，歡呼的聲音響徹鹽水區的每個大街小巷。

從這一刻回頭往歷史看過去，曾經風華絕代的鹽水港，因為海港淤積，再也無法開發海上航運，又因為風水之說拒絕了火車設站，沒有了水上與陸上的交通管道，逐漸失去商機，人們為了生計與發展，不得不選擇離開鹽水港到外地工作，居民也越來越少，在時代巨輪不停往前進步的同時，一度繁華的鹽水

港終於逐漸沒落成一個純樸的小鎮。

雖然如此，擁有許多歷史古蹟、傳統美食與一年一度蜂炮儀式的鹽水，依然是許多遊客選擇到訪的城鎮之一。尤其是每年元宵節前後，彷彿數百年前風華再現，連綿不絕的蜂炮就像會發光的海浪一樣，把所有的輝煌歷史，重新帶回了「鹽水港」。

世界級節慶——平溪天燈節

每年，到了元宵節晚上，臺灣北部有個地方會出現一幅美麗的景色，那是全世界最漂亮的夜景之一。

如果你人在那地方，只要抬頭往天上看，就可以看到在繁星點綴的夜空中，有許多像星星一樣會發光的東西緩緩的飄浮著，它們離我們很近，發出的光芒也比遠處的星光柔和，它們像是水母，又像是散發光芒的棉花糖，讓你覺得自己像在深海裡，又有點像在夢裡。

沒錯，那就是天燈。而這個美麗的地方，是新北市的平溪區。

平溪是臺灣北部的一個小城區，區域內溪流交錯，在經年累月的沖刷下形成了許多溪谷、瀑布與壺穴等特殊景觀，是個非常值得參觀的小鎮。幾十年前平溪曾經是臺灣礦業最發達的地區，為了運送煤礦方便，甚至還搭建了一條鐵路。然而，隨著礦業的蕭條，平溪也跟著沒落了。後來，因為觀光產業的興起，人潮又慢慢的回到平溪，到了民國八〇年代，平溪鄉公所（現在稱為區公所）為了延續平溪地區的古老傳統，舉辦了平溪天燈節活動，因為天燈在空中緩緩飄升的景象實在太美了，活動竟然大受歡迎，形成一種風潮，現在甚至成為臺灣最具代表性的節慶活動之一，與同樣在元宵節燃放的臺南鹽水蜂炮齊名。

如此有趣又有意義的活動，你也許會好奇，天燈這個所謂的「古老傳統」，是從什麼時候開始的？它又是怎麼開始的呢？

這是一個關於生存的故事，我來說給你聽。

話說三國時代

天燈，也就是孔明燈，傳說是三國時代諸葛亮發明的。他在一次戰役中被困住了，為了求援，他便製作了一些奇形怪狀的燈籠，利用熱力浮升的原理，讓怪燈籠飛上空中，向外求援，最後終於成功脫困，從此，這個會飄浮的怪燈籠便被稱作「孔明燈」。而在平溪地區，孔明燈還有其他的名字，叫做「祈福燈」或者「平安燈」，聽名字就知道，看起來美麗又夢幻的天燈，一開始其實並不是為了浪漫而燃放的。

距離現在大約兩百年前，臺北還沒有像今天這麼繁華，但也已經很熱鬧了。那時全臺北最熱鬧的地方是現在稱做萬華的「艋舺」，而地處偏遠的平溪地區還只是一片河谷地，有原住民凱達格蘭族居住在那裡。

因為基隆河沖刷到這裡後，水流逐漸和緩，地勢也因而變得平坦，所以便被稱作「平溪」。

那時的平溪雖然還是未開發地區，但已經有少數人從臺北城移居到這裡來開墾，後來，隨著臺北地區越來越繁華熱鬧，人口逐漸飽和，往平溪地方遷移的人逐漸增加，慢慢的就形成了一個小小的村落。而因為溪流眾多的關係，平溪土地肥沃，農作物收成很好，住在這裡的人不用像臺北城裡那樣忙碌競爭，只要日出而作，日落而息，跟著大自然的步伐就能自給自足，反而成了一個有如世外桃源般的人間仙境。

美中不足的是，因為地處偏遠山區，當時的清朝地方官府根本管轄不及，加上年年豐足的收成，使得平溪附近的村落成了山賊覬覦的肥羊，盜匪們總是選在秋收之後到過年左右的時間下山來打家劫舍。

平溪鄉民非常煩惱，常常派人到官府去陳情，無奈平溪實在太偏遠了，官府人手不足，無能為力。

就這樣，一年一年被打劫，嚴重時甚至還會出人命，平溪地區的人們只好自力救濟，地方上有見識的人都聚集起來想辦法。

這天，大家聚在一起開會，討論該如何解決這個問題。要與那些山賊硬碰硬嗎？這實在不是一個好辦法，只會增加雙方的傷亡而已，居民們天性和睦，不想用武力解決問題。

那麼，應該要怎麼辦呢？

有人提出這樣的建議：「既然這地方已經被盜賊鎖定了，大家又不想放棄好不容易建設的家園，那麼不如我們在每年秋冬收成之後，就趕緊把糧食財產收拾好，各自躲入山中。這樣一來既不容易被盜賊發現，二來村民們都分散躲藏，盜賊無法一網打盡，就算有一兩家被盜賊抓住了，也不至於使全村損失太多。」

大家聽了，都覺得這個辦法好，但是，卻有一個問題。

「我們大家都躲到山上去了，誰知道山下的盜賊跑掉了沒呢？我們總不能一直就躲在山上吧！」

「我們可以派幾個壯丁躲在村莊附近，等到確定盜賊離去時，就上山來通知我們。」一個人開口回答。

「可是，山區的範圍那麼大，所有人都散開躲藏了，要到哪去通知人呢？」

「說得也是……」

就在大家想破頭的時候，突然有個人大喊：「啊，有了！」

「快說快說……」、「你趕快說啊……」、「不要再賣關子了……」

這個人看大家問得急了，緩緩的說出：「大家聽過諸葛孔明吧，據說他發明了一種孔明燈，可以順著風飄到很遠，是用來當做通訊用途的，我們也可以用這個啊！」

「怎麼用呢？」

「當留守的壯丁們發現盜賊退去，村莊已經平安時，就在夜晚點上這孔明燈，我們躲在山中的村民們看見，就知道村莊已經平安了，隔天就可以下山回家。」

「太好了，這個辦法太好了！」

從此，平溪附近的居民們，每到秋收之後就趕緊收拾家當躲到山中過冬，直到元宵節左右，盜賊沒了蹤跡，看到空中施放的孔明燈之後，就知道家鄉一切平安，可以出來了。孔明燈變成了平溪地區一種報平安的象徵，村民們只要一看見孔明燈，心裡就會產生一股心安的感覺，所以，才會稱作祈福燈、平安燈。

這就是平溪地區燃放天燈的由來。

此生非去不可的節慶

平溪這個小山鎮，由於地域關係，隱世獨立了幾十年，後來，因為工業發展與戰爭的關係，對於煤礦的需求增加，平溪的菁桐地區正好地底蘊藏豐富的煤礦，開採出來的煤礦質量非常精純，是臺灣煤中的精品，使得平溪一躍而成臺灣的礦業重鎮，帶來了人潮，也帶來了繁華與建設。現在的臺鐵平溪支線，就是當時的煤礦公司為了運送煤礦方便而開設的私人鐵路，後來被國家徵收，成了臺鐵的支線之一。

隨著戰爭結束，世界各國對於煤礦的需求減少，再加上地底下的礦產也已經被開採得差不多了，礦業便逐漸沒落，人口也逐漸外移，平溪又從繁華的煤礦大城回復到昔日安靜的小山鎮，在平溪支線上奔跑的火車也不再出現客滿的盛況。

直到民國八〇年代，平溪鄉公所開始舉辦天燈節，許多熱愛攝影的人大老遠跑到這裡來拍照取景，天燈緩緩飄升在夜空中的美麗畫面，藉由一張一張照片傳了出去，吸引大批媒體報導。從此，每年元宵節前後，人潮便紛紛湧向這個曾經繁華的小山鎮，已經老得搖搖晃晃的平溪支線火車又開始滿載，旅途中人們發現，不只天燈夜景漂亮，沿途的美麗景觀也令人驚豔。

變成觀光重鎮後，平溪地區也積極建設，設立了「臺灣煤礦博物館」，向遊客訴說平溪過去的歷史繁華。而成千上萬天燈緩緩升空的美麗景色，甚至吸引了大批國外的觀光客與採訪記者。

二〇一三年底，全球最大的英文旅遊書出版公司福多爾便將平溪天燈節評選為全球十四個「死前非去不可」的節慶之一。除此之外，美國的CNN新聞頻道，也曾經把放天燈評選為全球五十二個新鮮事之一。

身為臺灣人，記得喔，你一定要去看看。

大甲鎮瀾宮——三月瘋媽祖

在希臘神話裡有一位女神叫做雅典娜，她既是溫柔美麗的女神，也是英勇機智的戰神；在我們臺灣的宗教神話裡，也有一位同樣厲害的女神，她就是天上聖母「媽祖」。歷史上媽祖的傳說很多，不僅能在海上救人，還是醫術高明的醫生，在第二次世界大戰時期，媽祖甚至顯靈，徒手接下美軍轟炸機的炮彈哩！

在臺灣，每年農曆三月的媽祖遶境，是民間信仰的一大盛事，其中苗栗「通霄拱天宮」、臺中「大甲鎮瀾宮」、雲林「北港朝天宮」、「澎湖天后宮」等廟宇主辦的進香遶境活動，都很有特色，不僅臺灣人趨之若鶩，連外國人都特地來到臺灣朝聖，是世界級的超級宗教慶典活動。說農曆三月是媽祖月，一點都不為過，臺語裡有一句俗話說：「三月瘋媽祖」，形容的就是這種虔誠又狂熱的宗教嘉年華盛況。

在認識遶境習俗之前，我們先來了解一下媽祖的故事。

林家女子化成仙

媽祖，又稱「媽祖婆」、「天上聖母」、「天后」、「天妃」、「湄洲娘媽」等，是臺灣人最崇拜的神祇之一。媽祖出生在宋朝建隆元年（西元九六〇年）的農曆三月二十三日，他的父親叫林愿，母親是王氏，他們家族幾代都是當官的，在福建地方是很有名的望族。

在媽祖出生之前，林爸爸和林媽媽已經生了六個孩子，一個男生和五個女生，媽祖是家裡的第七個孩子。傳說媽祖出生的時候非常安靜，一直到滿月的時候都還不哭不鬧，也因為媽祖是個安安靜靜的嬰兒，父親便為她取名叫做「林默」，家人暱稱她「默娘」。默娘天資聰穎，很小的時候就能讀懂許多書籍，成長期間更是得到許多能人異士的幫助，修習了絕妙的醫術與通天徹地的法術，時常利用自己的能力幫助鄉里間的親朋，博得了很好的名聲，尤其是海港邊的漁民們，每當遇到海難，總會得到默娘的神力相助，大家都非常感恩。隨著時間過去，默娘漸漸成為一個優雅大方的美女，上門提親的人很多，但默娘心裡掛念著父母以及救人的使命，始終不願嫁人。到了宋太宗雍熙四年（西元九八七年）九月九日重陽節這天，才二十八歲年紀的默娘，知道自己天命已到，慎重的向家人拜別過後，獨自來到高山上打坐。沒多久天際霞光大作，默娘受到天庭召喚，幻化成一縷輕煙回到天庭，成為民間最大的守護女神——「媽祖」。

關於林默娘變成神仙的傳說很多，我們來看看另外一種版本。

「救命啊，默娘，救命啊！」這是默娘的父親與哥哥發出的求救呼喊！

原來，父親與哥哥搭船出海，卻不幸遇上了暴風雨。海浪滔滔像巨大的手掌，就要把父親與哥哥的船淹沒，這時，擁有神通的林默娘感應到父親與哥哥危險，趕緊施展法力，靈魂出竅飛身入海救人，沒想到只救了父親沒救上哥哥，連自己都因力氣用盡，無法返回原身而罹難過世。林默娘死後，大家感念她孝順父母兄姊、時常幫助村民，而且又神通廣大，便把她當作神明來膜拜，為她建廟，甚至還尊稱年紀輕輕的默娘為「媽祖」，希望她就像所有人的媽媽一樣，可以繼續保佑村民出海安全。

默娘成仙的傳說經過村民的渲染，傳遍了大街小巷，連當代的皇帝都嘖嘖稱奇，幾乎每個朝代都有皇帝想要追封名號給她，從「靈惠夫人」到「天妃」，又從「天妃」被封為「天后」，最後成了獨一無二的「天上聖母」。林默娘就這樣從海邊小村莊的女術士，變成全國皆知的守護神。而到了臺灣之後，甚至變成萬事萬物都能解決的「多功能女神」。

從馬祖到臺灣各地

關於默娘葬身海裡的版本，故事其實還有後續。據說林默娘在海上遇難後，屍體一直沒找到，原來她的屍體隨海流漂蕩，漂到了一個無名小島。由於林默娘在世時曾經幫助過小島上的居民，居民們深感林默娘的恩澤，傷心之餘也趕緊把默娘的屍體打撈上岸，隆重的入土安葬，還為她建造寺廟，甚至把小島以媽祖為名，稱作「媽祖」，也就是日後的「馬祖」。至於為什麼「媽祖」島後來會去掉「女」字旁，變成現在的「馬祖」呢？大家可以試著研究看看，也許會有什麼新的發現呢！

無論如何，神通廣大，善良美麗的林家姑娘默娘終究還是離開人間，升天當神仙去了。變成媽祖之後，默娘的神靈依然時常顯現在家鄉附近海域，幫助海上的漁民，有許多妖精想要興風作浪害人，也都被媽祖神力打跑了。其中有一對妖怪兄弟，在被制伏後，感念媽祖的不殺之恩，便甘心臣服在媽祖的左右，成為她的得力助手。這對兄弟，就是大名鼎鼎的「千里眼」與「順風耳」。

默娘成仙後又過了幾百年，大約在明朝末年左右，因為連年戰爭，生活困難，大陸沿海居民大量渡海來臺墾拓，媽祖信仰當然也跟著一起「唐山過臺灣」，逐漸在臺灣宣揚開來。因為對陌生環境的恐懼，許多漢人在臺灣找到落腳處之後，第一件事就是建廟。那個時期，臺灣各地紛紛蓋起了廟宇，而媽祖廟是其中最多的，現在的臺北關渡宮、通霄拱天宮、鹿港天后宮、北港朝天宮、新港奉天宮、臺南天后宮、大甲鎮瀾宮等等，幾乎都是這樣來的。

舉世聞名媽祖遶境活動

大甲鎮瀾宮建立於清朝雍正十年（西元一七三二年），當時，一位與媽祖同鄉的林姓商人，遠渡重洋到臺灣來尋找發展，最後定居在大甲這個地方。安家落戶之後，林姓商人從家鄉湄洲請來一尊媽祖神像，放在家裡佛堂上早晚祭拜。因為媽祖的神蹟非常靈驗，林姓商人的神像又是從林默娘故鄉請來的，居民們便與他商量，希望能為他的媽祖神像蓋一座廟，讓更多人來朝拜，林姓商人大方答應了，大家便紛紛捐款，為媽祖蓋了一座小廟。

這座廟，就是「大甲鎮瀾宮」的前身。鎮瀾宮成立之後，經歷將近三百年的歷史風霜，也有好幾次的改建，最後終於成了如今雄偉壯闊的樣子。

大甲鎮瀾宮成立之後，除了與媽祖故鄉湄洲地方的廟宇保持聯繫，也與臺灣其他地方的媽祖廟有密切的友誼，每年農曆三月二十三日媽祖誕辰日，都會安排盛大的遶境儀式，讓媽祖和信徒們可以跟著到各地廟宇去進香與交流。

後來，因為媽祖信仰實在太受歡迎了，參與遶境進香的民眾越來越多，農曆三月的媽祖遶境儀式，就成為一場全臺灣信徒總動員的熱鬧慶典。每當儀式啟動，許多信徒為了祈求平安，都爭著要去觸摸媽祖的鑾轎，或者趴在地上鑽過轎底，那種盛況簡直可用「瘋狂」來形容。由於每次遶境儀式過後，廟宇的信徒捐獻（也就是香火錢）都會增加不少，所以每一座媽祖廟為了能吸引到最多的信徒參與活動，活動排場辦得越來越大。每到農曆三月，民眾們也都擺下流水席，宴請親朋好友，大家吃吃喝喝好不快樂。媽祖誕辰紀念幾乎比偉人還要隆重熱烈，所以民間也就有了「三月瘋媽祖」的俗語，比喻一到農曆三月，全臺灣上上下下都沉浸在媽祖遶境慶典的氣氛當中，既是莊嚴，也是歡樂，非常有趣。

經過了兩三百年的發展，如今大甲鎮瀾宮的媽祖遶境活動，算得上是全臺灣最盛大的宗教活動，還曾經在臺灣與大陸還沒開放人民直航的時候，就率領臺灣的媽祖信徒，搭飛機渡海到福建湄洲媽祖的故鄉去進香，在歷史上被稱為「宗教直航」。

早期的遶境路線是把媽祖抬到雲林的北港朝天宮之後再折返回來，後來因為有傳言稱鎮瀾宮的媽祖到朝天宮那邊進香是「回娘家」，意思就是說「北港朝天宮」的地位高過「大甲鎮瀾宮」，引起雙方信徒的爭執，所以，在西元一九八八年後，鎮瀾宮便將遶境的折返地改為雲林的「新港奉天宮」，一直到今天。

因為鎮瀾宮的遶境活動越來越盛大，終於在二〇〇八年七月四日被文建會指定為「國家重要無形文化活動資產」，成為外國人認識臺灣文化一個很重要的指標，甚至一度傳言臺灣的遶境儀式堪稱世界三大宗教慶典之一，讓國人感到非常的驕傲。

至於，大甲鎮瀾宮遶境儀式的內容如何呢？讓我簡單來介紹一下吧。

每年的遶境進香活動，全程總共要歷時八天七夜，行程超過三百公里，要是體力沒有練好，那可是無法負荷的。整個儀式包含事前幾個月的請示與準備工作，總共分成十個典禮步驟，分別是：「筊筶典禮」、「豎旗典禮」、「祈安典禮」、「上轎典禮」、「起駕典禮」、「駐駕典禮」、「祈福典禮」、「祝壽典禮」、「回駕典禮」、「安坐典禮」。

其中「筊筶典禮」也許你看不懂，其實就是用「搏杯」（臺語）的方式，請示媽祖娘娘今年遶境時間與路線的儀式。當搏出結果後，進行遶境儀式的每個單位就要開始分配工作，準備工作從這一刻開始，要一直進行到整個遶境儀式結束才算告一段落。

「起駕典禮」舉行的時間是在凌晨的零點，典禮的意思就是要告訴信徒們：媽祖要出發了。接著，經過幾天的長途跋涉，媽祖的鑾轎與信徒們風塵僕僕的來到新港，新港奉天宮的主辦單位與信徒們會展現出熱情與親切的態度來接待。舉行過「駐駕典禮」後，媽祖會在奉天宮裡停駐一夜，疲累的信徒們也可以歇歇腳，稍事休息一下。

接著凌晨五點的「祈福典禮」之後，「祝壽典禮」可以說是遶境儀式的最高潮了，這個儀式顧名思義，就是要慶祝媽祖生日快樂。儀式在早上八點舉行，大家要準備好祭品，在媽祖神像前三跪九叩，為媽祖祝壽，也祈求媽祖保佑。這是整個儀式中最莊嚴肅穆的時刻，誦經的鈴聲輕輕迴盪，信徒帶來的旗幟則在春風中微微飄揚，每個人的心裡都虔誠的祈禱媽祖慈悲，如果你人在現場，保證也會很感動。

在「回駕典禮」中告別新港，感謝奉天宮所有信徒的熱情招待，「大甲媽」要回家了。經過顛簸的回程，為期八天七夜的遶境進

香即將結束，當媽祖的鑾轎浩浩蕩蕩的回到大甲鎮瀾宮，遶境儀式來到最後一個步驟——「安坐典禮」，工作人員看準時辰，謹慎的把媽祖神像抬進廟裡，讓媽祖娘娘重新安坐在她的位置上之後，整個儀式就算是

進入尾聲了。這時主辦人員會率領信徒和工作人員，對著媽祖虔誠的禮拜，儀式正式結束。

儀式結束後，其實已經深夜，但鎮瀾宮的周遭還像是不夜城一樣，大家雖然都累得半死，但心裡卻感覺到很滿足，有人還想走走逛逛，有人想要回家了，大家會在這裡互道珍重，期待明年相見，繼續跟著「大甲媽」一起進行這趟史詩般的遶境旅程。

這是臺灣特有的「三月瘋媽祖」遶境儀式，除了大甲鎮瀾宮，整個農曆三月，全臺灣各地都有類似的遶境慶典，這是屬於臺灣的宗教嘉年華會，就連媽祖信仰發源地福建湄洲的盛況，都遠不及此。

身為臺灣人，我們應該珍惜這樣的特有文化。

艋舺龍山寺——中元盂蘭盆勝會

去過艋舺嗎？有沒有去祖師廟？那龍山寺呢？艋舺的龍山寺可是臺灣最重要的廟宇之一，也是政府公定的國家二級古蹟。遠在「一府、二鹿、三艋舺」的時代，龍山寺就是艋舺地區民眾的信仰中心，還是解決糾紛、消息交流、商業貿易及地方繁榮的民意中心，人民生活中遇到大小事都會到這個地方來尋求協助，幾乎就等於是當時的總統府。

而每到農曆七月中元節時，盛大舉辦的「盂蘭盆勝會」，更是艋舺一年之中重要的儀式活動，其中包含感恩、祈福及華人世界敬重祖先的觀念，莊嚴隆重，是每年夏季的重頭戲。

讓我們先來了解一下艋舺龍山寺的歷史。

先民的宗教寄託

三百多年前，臺灣北部的發展還沒有像南部的府城或中部的鹿港那麼發達，到處都還是雜草亂石，而且氣候溫熱潮溼，有許多毒蛇害蟲橫行，許多渡海來到臺灣的漢人都不能適應，不是水土不服生病了，就是遭到蟲害意外而死，開墾之路非常辛苦。雖然如此，在大家的堅持努力之下，北臺灣的漢人團結合作，慢慢的終於開闢出適合居住的環境，也群居成一個一個聚落。其中最早發展的地方，就是現在稱作「萬華」的艋舺。

人口越來越多，商業行為活絡起來，人民的生活也變得安定，不再為了生存而擔憂。解決了生存的問題，生活上的其他需求就增加了，除了娛樂、醫療之外，為了安定民心，對於宗教有虔誠信仰的人就開始商議要來合資蓋一座寺廟，不僅可以當作居民祭祀參拜的地方，也可以當作生活上的交誼中心，一定可以讓居民的心更加安定。

因此，在距今兩百多年前，許多從福建沿海地區遷移到艋舺地區居住的人，就合資出錢興建了一座富麗堂皇的寺廟，並且從家鄉福建省晉江縣安海龍山寺裡，慎重的將觀世音菩薩的分靈請到臺灣來。同時，因為當時臺灣與大陸之間全靠海運，出海經商的人很多，為了保佑海上的家人，在龍山寺的後殿，還恭奉了媽祖、文昌帝君和關聖帝君等。

當初尋找興建地時，也找來堪輿名師觀察風水寶地，最後在艋舺找到一塊寶地，稱作「美人穴」，為了呼應寶地的靈氣，還在寺廟前廣場挖了一個水池，稱作「美人照鏡」。據說，從鏡裡折射看見某個角度有亮光的話，就表示艋舺地區失火了。後來因為要興建公園，大水池被填平，現在已經看不見了。

完工後的龍山寺非常雄偉壯觀，整座廟分為前殿、正殿、後殿，是正統三殿式的建築物。龍山寺落成之後，果然成為艋舺地區居民的日常活動中心，香火鼎盛，人潮絡繹不絕，很快就變成艋舺的精神地標。

傳奇的重建事蹟

在艋舺矗立了將近三百年，龍山寺經歷了幾次傾頹與重建，每一次都在嚴苛的條件下重生。其中比較為人樂道的重建事蹟有兩件，一是民國八年時，龍山寺因為歷經幾次崩塌，再加上年久失修，廟裡幾根重要的梁柱都被白蟻蛀蝕得快要折斷了，再不整修就有全廟倒塌的危險。當時，龍山寺的住持師父是宅心仁厚的福智大師，他眼見龍山寺大概撐不過他這一代住持，便號召捐款，希望重建寺廟，他更以身作則，率先將畢生積蓄七千多元都捐出來，讓艋舺居民非常感動，紛紛響應樂捐。最後募得非常充裕的重建基金，並聘請當時知名的大建築師，將原本傳統寺廟形式的龍山寺改建為更加氣勢雄偉的宮殿式建築，這是龍山寺歷來最大規模的整修，整修完成的龍山寺也就是今日大家所看到的模樣。有感於福智大師犧牲奉獻的氣度與大智慧，廟方也設立了紀念堂，流傳後世。

而另一次重建事件，則更加傳奇。前面提到龍山寺就像是艋舺地區的總統府一樣，在第二次世界大戰期間，民國三十四年六月八日晚上，敵軍空襲臺北城，外觀雄偉的

龍山寺，竟然被誤認為是臺北總督府，因而遭到敵軍猛烈的炮火轟炸。空襲當中，不僅龍山寺本身，附近的建物幾乎也無一倖免。原本居民們一遇到空襲警報，便都很有默契的往龍山寺跑，許多人更躲在觀世音菩薩大殿的神桌底下，這下龍山寺成了轟炸目標，躲在裡頭的居民們被鄰近的炮火聲嚇得半死，心想這次大概完蛋了，個個都昏死過去。轟炸過後，附近的居民們憂心忡忡的跑到倒塌的龍山寺來查看，神殿裡所有的神像幾乎都被炸毀了，唯獨正殿裡的觀世音菩薩還好端端的坐在蓮花座上，除了臉部被炮火燻得黑黑的以外，幾乎毫髮無傷。而從祂眼前的神桌底下，則狼狽的爬出來十幾個居民，原來躲在觀世音神桌底下的人竟然全部逃過一劫。當眾人歡喜的抱在一起歡呼落淚時，臉黑黑的觀世音菩薩依然保持祂神祕而慈祥的微笑，看著眾人。

目連救母的啟發

龍山寺除了供奉觀世音菩薩，還有許多其他的神明，所以每年的大小宗教活動很多，其中農曆四月的浴佛節和七月的盂蘭盆勝會，算是最盛大隆重的兩個慶典。我們這篇要介紹的，就是每年七月中旬的重頭戲——「盂蘭盆勝會」。

「盂蘭盆」這個詞很特別，聽起來像是種蘭花的盆子，但其實它最原始的意思跟盆子一點關係都沒有。「盂蘭盆」是梵語Ullambana的音譯，意思是「倒懸」。倒懸就是倒吊，人被倒吊是很痛苦的，所以佛教以此來形容死後在地獄受苦的亡者。「盂蘭盆」會成為一個儀式的名稱，背後是有一個故事的。相傳古代有一個孝順的修行者，名叫目連，他天生慧根加上虔心禮佛，已經修成正果。但他的母親是個不信佛的人，整天大魚大肉，不珍惜食物又苛刻待人，目連勸說她好幾次，她都聽不進去。後來母親年老過世，果然被佛祖判入地獄受飢餓之苦。這時，已成佛的目連施展神通，到地獄探望母親，看見母親受苦挨餓，心生不忍就變出許多食物，要拿給母親吃，沒想到母親罪孽太重，所有的食物都在她嘴前起火燒成灰，一口都吃不進去。餓慌了的母親眼看著到嘴的食物卻沒辦法吃，又氣又急，哭著求目連救救她。孝順的目連只好去求佛祖。

「佛祖，求求您，救救我母親！」目連苦苦哀求。

佛祖原本不肯，但看在目連苦苦哀求的分上，就告訴他解救母親的辦法。

「目連，妳母親犯了罪孽，原該受懲罰，但見你侍母至孝，我就告訴你一個救贖的方法。你須在農曆七月十五佛歡喜日這天，用盆子裝滿一百種齋食和許多水果，恭奉給修行的僧侶們吃。眾僧若滿意，你便可迴向功德給你的母親，救她脫離苦海，不僅如此，你的前七世父母也能受惠。」

目連一聽，便趕緊著手準備。當儀式結束，果然母親便不再受苦，順利進入輪迴。從此，人們為了替自己的父母贖罪，減少在陰間的痛苦，便仿效目連，在農曆七月十五時準備齋食和瓜果，奉獻給僧人吃。而因為故事裡提到將食物裝在盆子裡，再加上盂蘭盆的中文發音，後世便將盂蘭盆這個詞誤解為「將食物裝在盆子裡，解救在陰間受苦者」的意思。

艋舺龍山寺的盂蘭盆勝會，歷史已經非常悠久，早期是由福建移民中的黃、林、吳三姓的人家輪流主持祭祀典禮，在每年的農曆七月十三、十四兩天舉辦。後來慢慢改由龍山寺全權主持辦理，時

間也拉長到一個月，從農曆六月底就開始，直到七月底結束，中間祭祀活動很多，熱鬧又繁複，已經是國際級的慶典。

其中，拜「樹蘭花腳」以及「牽⿰車藏」（讀音同「狀」）等活動，兼具各宗

教習俗，而且一般少見，都很吸引人。

所謂拜「樹蘭花腳」，在墾荒時期，因為地盤鬥爭，地方上死傷了不少人，拚鬥後有幾件血衣被埋在龍山寺周圍的樹蘭底下，為了紀念犧牲的先民們，每年盂蘭盆勝會時，都會有拜樹蘭花腳的活動。

而牽轙這個祭祀活動，是為了牽引死者的亡魂，讓他們脫離死去當時的痛苦。白色水轙代表遇水難（比如：溺水）而死的孤魂、紅色水轙代表遇血難（比如：難產）而死的孤魂。典禮時一支一支紅白轙，都代表著死去亡魂，是很哀戚肅穆的儀式。

同樣是在七月十五舉辦的祭典，艋舺龍山寺的「盂蘭盆勝會」因為出自佛教，和我們比較熟悉的，以道教信仰為基礎的「中元普渡」雖然很像，但還是有些不一樣。你若有機會看見，可以仔細比較，這兩種儀式有哪些不一樣的地方。

猛鬼嘉年華——雞籠中元祭

就像西方的萬聖節，臺灣的中元節也是跟鬼有關的節日，東西方這兩種節日有一個共通性，那就是，孩子們都可以得到超多好處。

一年中，除了過年外，可以讓小朋友吃吃喝喝最過癮的，大概就是中元節了，尤其是「中元普渡」，為了拜拜準備的一大堆零食飲料，可以讓孩子們滿足的吃上好幾天，祭典儀式也是熱鬧又有趣，就像一場嘉年華會。

但是，歡樂歸歡樂，孩子們還是要體認到，對於大人們來說，中元節其實是一個滿嚴肅的節日，要用慈悲與感恩的心情來對待。中元節的精神源自於宗教信仰裡對死者的憐憫，除了奉獻供品犒賞受苦受難的孤魂野鬼之外，也希望可以為死去的亡靈稍微減免一些在地獄裡所受的罪罰。祭典背後的意義是很崇高的。

所以，除了吃吃喝喝，我們也應該要了解中元節的由來與它的意義。

地官大帝慶生，地府大開

中元節這個名稱是源自於道教的三元節日，所謂三元，就是上元、中元與下元，代表三位道教神祇的誕辰日，是道教信仰者在一年當中最重要的三次盛典。

天官大帝、地官大帝與水官大帝，合稱三官大帝、三清道祖，也是民間俗稱的三界公。其中天官大帝掌管的是天堂裡眾神明的一切事務；地官大帝掌管土地萬物以及地獄裡的鬼怪與亡靈；至於水官大帝，顧名思義，就是掌管大海江河等與水有關的事務。聽起來有點像希臘神話裡的宙斯、波賽頓與黑帝斯三主神。

在道教的信仰裡，三官大帝合力掌管整個宇宙所有的事務，甚至有傳說他們就是這個宇宙的創造者，是道教裡權力很大，地位很高的神明，僅次於統管一切的至高無上之神——玉皇大帝。

而所謂的三元節，就是這三位神明的誕辰紀念日，上元節是天官大帝的誕辰，下元是水官大帝的誕辰，而我們這篇的主題，就是地官大帝的生日，中元節，是為亡魂赦罪的日子。

大概是因為地官大帝的生日正好在農曆七月十五，而他又是掌管地府的最大神明，因此，古時候的人相信，在農曆七月的時候，所有在地獄裡上班的官員和衙役都會放假一個月，並且把地獄之門打開，讓那些還沒準備投胎，還在地獄懲罰受苦的孤魂野鬼們放風，到陽間來走走。

而在陽間的人們，知道七月是鬼月，除了有對祖先的感恩與惻隱之心，實際上也是有一點怕怕的，所以都會準備超級豐盛的食物與供品，給那些俗稱「好兄弟」的孤魂野鬼們享用，希望他們到陽間這趟旅程可以盡情享受，也希望他們不要太調皮、打擾了陽間人們的生活。

因為中元節時許多鬼怪都在陽間「趴趴走」，所以大人們口中的禁忌也不少，比如說：不能親近水，尤其是到野外溪流去游泳，怕孩子會被水鬼抓去。另外，不能太晚在外面遊蕩，因為晚上就是鬼怪的天下，八字太輕的話，隨便就會碰上鬼。還有，有的爸媽會交代孩子，晚上不要隨意吹口哨，因為口哨的聲音跟鬼的叫聲很像，會讓鬼以為你在召喚他。信仰虔誠的人家，在農曆七月裡甚至會減少外出，連出遊旅行的計畫都會取消。想想看，美好的暑假期間，卻不能出去旅行遊玩，有點掃興吧，但現代人的觀念已經比較開放，沒有這麼多禁忌了。

雖然中元節是農曆的七月十五這天，但是據說在很久很久以前，所謂的中元普渡，可是一整個月輪流在各地舉辦的。或許是因為每天都有大魚大肉可以吃，又受到陽間的人類膜拜，野鬼們一下子太放鬆，就時常有因為喝醉酒而現形鬧事的鬼，把陽間搞得烏烟瘴氣，不管大人小孩都常常被嚇得半死，造成困擾。所以，後來人們就選擇只在七月十五地官誕辰這天，統一舉行普渡典禮，以免孤魂野鬼們玩得太過頭了！

賽陣頭代替打破頭

臺灣的中元節慶典中，最有名的要數「雞籠中元祭」了，這是在基隆舉行的中元節活動，已經有超過一百五十年的歷史了。整個「雞籠中元祭」從農曆七月一日開龕門（也就是俗稱的鬼門開）開始，一直到八月一日關龕門為止，前後總共一個月的時間，中間有許多官方與民間舉辦的各種民俗與藝術活動，比如遶境、放水燈、化妝遊行、普渡典禮、跳鍾馗等等，近年來又結合國際表演團體，有看有吃又有玩，非常熱鬧有趣。

雞籠中元祭起源於清朝時期，當時因為大陸渡海來臺灣的移民很多，人們上岸後各自找尋適合落腳的地方，以先來後到的觀念各自發展。但是渡海來開墾的人越來越多，來自相同故鄉的人，逐漸形成集團，集團與集團之間為了地盤，常常發生紛爭。基隆靠海，碼頭是海洋運輸的命脈，自然也是許多人爭奪的目標，導致基隆各地大小紛爭不斷。一八五一年，漳州人與泉州

人為了集團利益，爆發了幾乎不可收拾的流血衝突，死傷很多。為了報復，雙方都蠢蠢欲動，準備發起更大的拚鬥。幸好，兩個集團裡有智慧的人士知道這樣下去只有兩敗俱傷，有害無益，便聯合出面協商，阻止了這場血腥鬥爭。

流血衝突過後，雙方都有悔意，認為打架鬥毆實在不好，也對這場爭鬥裡死去的同伴們感到悲傷與惋惜，便提議舉行超渡大會，安慰死去的亡者，推廣「賽陣頭代替打破頭」的理念。另外，也藉著活動向上天祈福，保佑基隆地方國泰民安，不再受瘟疫與意外的侵擾。

這個提議經過所有人的同意，雙方便決定從一八五五年開始，每年輪流由各個姓氏的宗親主辦普渡活動，這樣，每個姓氏的宗族早晚都輪得到主辦活動，大家都很認同。最早的時候，是由張廖簡、吳、劉唐杜、陳胡姚、謝、林、江、鄭、何藍韓、賴、許等十一組姓氏的人輪流主辦，後來慢慢轉變調整，現在已經有更多的姓氏單位加入輪值。因為良性競爭的關係，每年的主辦單位都很用心舉辦，節目都很有看頭，讓人非常期待。

因為活動辦得非常成功，每年都吸引許多外地人士到基隆來，政府也非常重視，除了大力推行之外，也讓每年的祭典活動內容更多元，更有國際性。

比如說，在二〇〇七年時，基隆市政府就推動了「陰陽兩普」的活動，除了普渡孤單受罪的孤魂野鬼之外，在普渡結束後，也將祭品轉送給真正需要救助的貧困人士，確實做到慈悲感恩的宗教理念。

除此之外，基隆市政府為了讓這個華人的「萬聖節」更有看頭、也更有國際性，還舉辦了「猛鬼旅行團」活動，邀請民眾發揮創意化妝成鬼怪，上街遊行，越恐怖越好。另外，還有「創意kuso鬼臉比賽」，最恐怖的人可以獲得豐富的獎品。而「鬼怪列車」，更是別出心裁，在農曆七月十四日這天，一大堆精心打扮的妖魔鬼怪會在臺北通往基隆的電車上，大肆搗蛋，考驗民眾的膽量。膽子大的小朋友，在這天或許可以搭上列車，來一趟恐怖鬼月之旅唷。

熱鬧歡樂超級吸睛的「雞籠中元祭」現在已經是臺灣十二大重要節慶之一，也是「國家文化資產」裡的國定重要民俗。從最早為了替死去的亡靈減輕在地獄中所受刑罰，到為了族群鬥毆而死去的人超渡祈福，演變到如今嘉年華式的歡樂慶典，「雞籠中元祭」的演變，也代表著人民生活形態的轉變。如今我們擁有的歡樂節慶，仔細去尋找

源頭，其實都是祖先們的血淚歷史，當我們在享用美食、輕鬆狂歡的時候，如果還能記得先人舉行祭典時感恩、慈悲、祈福的初衷，我想，節日的意義一定會更豐富。

燒船送瘟神——東港迎王祭

我想你一定有點疑惑，標題裡的「東港迎王祭」是什麼？

東港迎王祭的全名應該叫做「東港迎王平安祭典」，是文建會明定的國家無形文化資產之一。還是霧煞煞對不對？好啦，不賣關子了，其實這東港迎王祭，就是我們俗稱的「王船祭」，也就是許多大人口中的屏東「東港燒王船」。

俗稱東港燒王船的「東港迎王」祭典，是從什麼時候開始的已經無法考究，但根據有限的資料顯示，這個活動的歷史最少也有百年以上了。原本人們只是習慣稱呼「東港迎王」、「東港王船祭」或直接俗稱「東港燒王船」，但因為每次的祭典活動都非常盛大精采，早已成為臺灣宗教慶典活動裡的經典之一，所以主辦單位在二〇一〇年時向政府申請正名為「東港迎王平安祭典」，到了二〇一一年十一月，「東港迎王平安祭典」正式被文建會列為國家無形文化資產，成為全臺灣人共享的文化驕傲，只是大家口頭上還是會用「王船祭」或「燒王船」來稱呼這個祭典。

了解活動的名稱之後，那麼，我們來說說「東港迎王祭」這個活動的由來吧。

溫王爺駕王船代天巡狩

臺灣是個海島，不管先來後到，自古以來許多島民都是靠海為生的，也因此發展出特別的漁獵技術以及對於海洋的信仰，屏東東港是個海港，自然不會例外。

東隆宮的建造，就是與海有關。東隆宮裡祭祀的神明很多，有玉皇大帝、觀世音菩薩、土地公，甚至連孔子都有，但裡頭最主要的神明，是一位叫做溫鴻的王爺，俗稱「溫府王爺」，這位溫王爺除了是促成東隆宮建宮的契機之外，其實也正是迎王祭活動的主角。

溫鴻，又叫做溫德修，是隋朝末年的人，自小文武雙全而且交遊廣闊。有一次唐太宗李世民微服巡視民間遇上危險，幸好有溫鴻帶領三十五個結拜兄弟前來救駕才脫險。事後皇上論功行賞，這三十六個人都被封為進士了。其中因為溫鴻功勞最大，皇上還特別任命他當山西知府，溫鴻當然不負眾望，他勤政愛民，受到地方的愛戴。當時在鄰近山西的地方時常有盜匪出沒，影響人民生計，但衙門的官兵無能，總是抓不到人，人民苦不堪言。皇上便派溫鴻領兵討伐盜賊，溫鴻智勇雙全，用兵如神，果然順利攻破賊窩，殺了盜賊首領，並且招降了幾萬叛軍，平定了大亂，捷報傳回皇城，皇上聽了大為讚賞，當下便冊封溫鴻為王爺。從此之後，溫鴻與結拜兄弟們便經常領聖旨，為皇上在全國各地巡邏視察，宣揚朝廷的威信。

可惜的是，在一次海上巡視時遇上海難，溫鴻與三十五位結拜兄弟全部罹難，無一生還。據說這艘官船在翻覆之時，附近的人都聽見了天籟般的仙樂，還看見天際浮現紫色雲彩，彷彿神仙顯靈。皇上聽見這樣的消息，知道溫鴻不是普通的人物，便追封他「代天巡狩」的功職，要全國上下建廟恭奉。由於溫鴻一行人是船難遇害，皇上便下令打造一艘巨大的王爺船，把三十六位忠臣的神位擺進去，並且將船送入海中，藉著海流繼續代天巡狩。皇上並且在船上寫下御旨「遊府吃府，遊縣吃縣」，表示不管王船漂到哪裡，那個地方的老百姓就要準備獻禮與香火，供奉這三十六位罹難英雄。

這就是溫鴻成為王爺的由來。而自從王船入海之後，就在臺灣與大陸之間的海域流蕩，經常顯靈護衛眾生。據說如果在海上遇到了危險，只要看見一艘飄著「溫」字旗幟的巨船出現，馬上就會風平浪靜，危機解除。

漂來木柴好搭廟

時間緩慢流過了千年，溫王爺駕王船代天巡狩，守護漁民的事蹟早就傳頌開來，許多沿海的老百姓，對於溫府王船都非常感恩。

這個傳說到了清朝年間有了改變，據說當時屏東東港海邊突然漂來一大批印有「東港溫記」的木柴。經過神媒的請示，這些木柴似乎是溫王爺送來的，因為他在海上代天巡狩超過千年，有點累了，想要找個地方定居下來，而屏東東港，便是他選定的福地，這些漂流木是他要讓信徒們為他建造廟宇的建材。信眾們依照指示把木柴拿來建廟，神奇的是，木柴大小與數量剛剛好可以建一座廟，讓民眾更加確定這是溫王爺的旨意。

這座以漂流木搭建的廟，就是東港知名「東隆宮」的前身，也就是迎王祭的主辦廟宇，溫王爺的信仰就此在臺灣生根發展。雖然不知道故事中的海上漂流木是真是假，但溫王爺如今坐鎮在廟中可是千真萬確。

溫王爺定居在東港之後，成為屏東沿海居民景仰的神明之一，適逢當時大陸居民大規模渡海來臺，臺灣沿海地區的人口變得密集，加上溫暖的氣候，許多病菌傳染得很快，往往爆發成瘟疫。當發生醫生也無法阻止的疫情流行時，信仰虔誠的民眾就會認為是傳說中的瘟神在作怪，轉而祈求神明保佑。而神威顯赫的溫王爺，便常常被民眾恭迎出廟宇，擔負驅逐瘟神的任務，逐漸形成了特殊的迎王祭典。而因為傳說中溫王爺是海上代天巡狩的神明，因此祭典中也慢慢加入了送王船的儀式，最後變成恭迎王爺出巡，民眾祈求風調雨順、出入平安，並藉由焚燒王船以送走瘟神，成了這麼一整套的宗教活動。

燒王船，送瘟神

雖然與其他宗教活動一樣是以趨吉避凶為目的，但迎王祭可不是隨處可見的嘉年華，東港迎王祭是依照農曆地支裡的「丑、辰、未、戌」等大科年為主，三年舉辦一次，每次長達八天的隆重祭典。祭典的儀式很繁瑣，活動的程序步驟最主要有十三項：「角頭職務的輪任」、「造

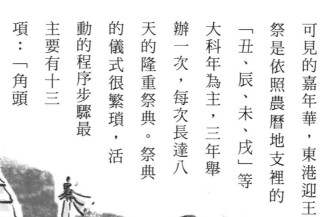

王船」、「中軍府安座」、「進表」、「設置代天府」、「請王」、「過火」、「出巡繞境」、「祀王」、「遷船」、「和瘟押煞」、「宴王」、「送王」，所有的儀式歷時八天，從準備工作開始，到整個活動結束，每一項都很重要，一點都不能疏忽。

第一項的「角頭職務的輪任」，說的可不是黑社會的角頭喔，這裡說的角頭總共有七個，他們是共同擔負這個祭典儀式的重要單位。早期來臺灣開墾的居民中，來自相同地區的人，因為熟悉與互助的關係，自然會聚集在一起，久了就形成一個小聚落，這樣的聚落在這裡便稱做「角頭」。屏東迎王祭典的七角頭分別為「頂頭角」、「埔仔角」、「頂中街」、「下中街」、

「安海街」、「下頭角」、「崙仔頂」等七個單位，而迎王祭典以溫府千歲王爺為主，加上另外五位千歲爺和一個中軍府，正好也是七位神明，因此，七個角頭每次便以抽籤的方式，輪流擔任各個神明的抬轎單位，主管活動的大小事務。

另外，一定要介紹這個祭典活動中的主角——「王船」。這艘要把瘟神送走的船，最早的習俗是直接將船放到海裡，讓它流走，俗稱「遊地河」，但因為曾發生過送出海的王船竟然還漂流回來的狀況，太不吉利了，後來便改為焚燒王船，俗稱「遊天河」的方式進行。這時的王船，因為最後要被焚燒，都只是用紙糊的，但隨著信仰的民眾越來越多，建造王船的材料也從竹架紙糊的，慢慢變成了木頭打造的，越來越雄偉壯觀。雖然總是有許多宗教義工願意無償幫忙，還是很費時費工。目前，一艘王船的造價大約七百萬，建造的時間至少要花費一年以上，工程非常浩大。

當所有的儀式都走過了，最後的高潮就是「送王」，也就是要燒王船了。在祭典的第八天凌晨兩點，所有的神明都會被恭請上神轎，跟著亮麗的王船一起被抬到東港鎮海里的海邊，準備送王船，因為東港燒王船在臺灣是非常有名的宗教活動，所以這時候海邊通常是燈火通明，擠滿了看熱鬧的民眾。

王船要準備下海之前，民眾會用金紙、米包、豆包還有許多儀式用品等，將王船堆擠成往海裡傾斜的立姿。而祭典的大總理則會在船頭入海的方向，把沙灘挖出一條像航道一樣的凹陷，直通外海，等到時辰到來，幾位主持儀式的人便焚香祝禱，並點燃堆放在船下的金紙供品。這是祭典活動的最高潮，在夜晚涼風的助長下，熊熊的烈火逐漸吞噬了木造的船體，耗資打造、美輪美奐的王船就這樣緩緩的燃燒成灰燼。在儀式完成的同時，我們看不見的幾位王爺就坐鎮在「王船的靈體」上，帶著人們的祈福與各方的瘟神役鬼，遠颺而去。

燒王船的儀式一結束，整個迎王送瘟神的祭典就算圓滿完成，各寺廟、角頭以及來自各地的旅客都要安靜下來，小聲交談，尤其是戲曲、鑼鼓、鞭炮等象徵迎神的聲響，絕對不能再響起了，否則押船而去的王爺們會以為民眾又要歡迎他們回來，而把載著瘟神的王船開回來，或者，有些瘟神野鬼們也會自己尋聲跑回來作亂。另外，王船離開後，漁民也禁止出海捕魚，以防漁船在海上和無形的王船之靈相撞，招致不幸。

這些禁忌，傳統上是要維持到七天之久，但如果要漁民們七天不出海捕魚，實在太影響生計了，後來就統一改為三天。

完成這樣一個祭典活動，非常耗時耗力，幾天下來大家幾乎都累垮了，但每當活動結束那一刻，心情放鬆下來，靜靜的看著海上火燄沖天的王船，所有人心裡滿滿的都是感恩。這裡頭隱含的悲天憫人精神以及地方情感的凝聚力，就是讓「東港迎王平安祭典」延續超過百年的無形動力，也是臺灣本土文化傳承與發揚的最佳教材。

想一想，三年才一次的盛大祭典，多麼稀有啊，下次要是時間碰上了，建議你一定要去屏東，親眼看看什麼叫做「東港燒王船」。

原住民祭典

神祕的祭典——賽夏族矮靈祭

聽過賽夏族嗎？

他們是一個小小的族群，生活的範圍大多在新竹縣和苗栗縣的山區裡，大致分成北賽夏與南賽夏。賽夏族人口不多，只有幾千人，是臺灣原住民裡最神祕的一個族群。

賽夏的發音是「Saisiat」或「Saysyat」，在賽夏族語裡是「人」或「血族」的意思，他們的社會組織是以父系氏族為主。因為一切生活所需都取自於自然環境，所以他們的姓氏大多和動物、植物或自然現象有關，而因為很早就漢化的關係，她們的姓氏都可以用漢字呈現，如「風」、「豆」、「根」、「夏」、「絲」等，不過，另外也有「高」、「朱」、「詹」或

「潘」這樣的姓氏。賽夏族是會黥面與紋身的族群，另外，他們的男生到了十五、六歲的時候，會做一件特別的事情，就是把兩顆門牙打掉，形成缺齒。雖然從我們的觀念裡看起來，缺了兩顆門牙應該醜醜的不好看，但是「缺齒」在賽夏族的習俗裡是表示成熟的意思，代表這位男生已經長大了，而且缺齒還有勇敢的意思，是很榮耀的象徵，有點類似我們的成年禮的含意，很特別吧！

恐怖的大洪水傳說

關於賽夏族的起源，並沒有固定的說法，最主要的傳說有兩種，這兩種傳說的內容都非常特別，是怎樣特別呢？

在上古時代，神創造了人類之後，人類便各自去生活，但卻不幸遇上了大洪水災難，其中一個人因為躲在織布機裡漂浮在水上而免於一死。搭載著最後一個人類的織布機漂啊漂啊，來到了天神所在的山下，神看見了，便將那人救起。為了延續人類命脈，神將那個人殺了，把屍體各部位分開，用樹葉包裹之後，再丟回海裡，神奇的是，碰到水的身體竟然又幻化成為人類。其中肉的部分變成了賽夏族的祖先；骨頭的部分變成泰雅族的祖先；而令人意外的是，腸子的部分竟然也變成人，而且是漢民族裡的客家人，成了客家人的祖先。

特別吧，為了再度創造人類，竟然要把人切開，真是有點恐怖的傳說啊！

另外一個傳說，跟前面的某些元素相近，故事是這樣的：時間依然是上古時代，一樣出現了大洪水的災難，有一對兄妹搭乘織布機漂流海上，幸運逃過海難後，妹妹卻不幸病死了。哥哥將織布機靠岸後，把妹妹的屍體抱上岸，切成一塊一塊的，用樹葉包裹後，坐在地上傷心的哭泣著。他心裡多麼希望妹妹可以重新活過來，不要讓他自己一個人獨自活在世界上。哥哥心裡邊這麼想著，邊把妹妹的屍塊丟入水裡。神奇的事情發生了，妹妹的每個屍塊都重新長成一個人，一個一個人從水裡站起，這就是賽夏族各個姓氏的祖先，直到最後一塊，變成了泰雅族人。

這就是有關賽夏族起源的兩段傳說，雖然把人分屍的情節有點嚇人，但仔細一想，若天神想要再次創造人類，當然就需要同樣人類的元素，這樣的思考方式，倒是滿有科學精神的。

矮人族的詛咒

賽夏族因為人口少，勢力薄弱，長期以來有被他族同化以及被漢化的趨勢，祖先傳下來的風俗文化逐漸消逝，許多老一輩的賽夏族人，都非常憂心這個現象，積極的在做傳承的工作。

而在賽夏族文化裡，最神祕也最盛大的一項祭典，就非兩年一度的矮靈祭莫屬了。

矮靈祭原本是一年一度的盛會，但在日據時代因為日本政府的干涉，便改為兩年一次。另外，每過十年，還會有一次大祭，場面更加浩大。

為什麼叫做「矮靈祭」而不是高靈祭、長靈祭或精靈祭呢？其實，這背後是有一個故事的。

傳說在很久很久以前，賽夏族在一條河的旁邊生活著，充沛的河水孕育著賽夏族人的生命，綿延不絕。而在河的對岸，住著一群身高不到一百公分的矮人族，雖然個子矮，但這些小矮人們活潑好動、力大無窮，對於耕作很有研究，總能種出品質精良的農作物，讓賽夏族人羨慕不已。不僅如此，矮人族還懂得巫術，輕輕鬆鬆就能完成許多事情。

因此，賽夏族人常常邀請矮人族過河到部落裡來，用豐盛的食物來宴請他們，並且向他們請教農耕的技巧。矮人們也不小氣，把知道的事情全部傳授給賽夏族人，因此，每當穀物成熟時，賽夏族人就會邀請矮人們過河來，一起分享收成的喜悅，並且享受美味的食物。

這樣的友誼維持了一段時間，矮人族贏得了賽夏族的尊敬，卻也逐漸開始驕傲自大起來，對賽夏族人變得不友善，講話也不太禮貌。賽夏族人因為長期受到矮人族的幫助，基於恩情，一開始只能選擇忍讓，但這樣的退讓，反使得矮人族更加肆無忌憚起來，造成許多賽夏族人的困擾。

更誇張的是，矮人族得寸進尺，竟然開始跑到賽夏族的部落裡去調戲婦女，或者用巫術把女生迷得團團轉，欺負她們。這些無禮的行為終於惹怒了賽夏族的青年勇士。雖然比力氣和巫術，賽夏族都不是矮人族的對手，但是，只要好好思考，從長計議，一定能想出打贏矮人族的方法。賽夏族勇士們這樣討論著。

終於，機會來了。

矮人們有一個特殊的習慣，每次到賽夏族的慶典上狂歡過後，喝得醉醺醺的矮人們都會爬上一棵長在懸崖上的大樹上去休息。因此，賽夏族勇士們就在一次慶典前夕，預先去把大樹的樹幹鋸斷了一大半，為了防止矮人看破計謀，還用泥巴把樹幹的缺口補好，看上去就跟平常沒什麼兩樣。

這天，矮人們在慶典上喝了酒，果然一個一個都爬到大樹上休息，樹幹因為快要斷了，搖晃得比平常厲害。有些機警的矮人們有點猶豫，問賽夏族人有沒有感覺到怪怪的，賽夏族勇士們反應很快，趕緊說：「沒有啊，應該是你們今天喝太多了吧！」順利騙過了矮人們。

當矮人們全都爬上樹後，賽夏族勇士們在樹幹上用力一推，早已搖搖欲墜的大樹便攔腰折斷。在樹上睡覺的矮人還搞不清楚狀況，就跟著折斷的大樹摔到萬丈深淵裡去了。

然而，其中還是有兩位矮人因為機警，在聽見樹幹裂斷聲時就趕緊從樹上跳下來，免於一死。但是寡不敵眾，兩位矮人眼看情勢不對，趕緊沿著河逃命。因為氣憤，矮人們摘下路邊的山棕葉子，一邊逃跑一邊撕破葉子，嘴裡並喃喃詛咒：「你們這些賽夏族人，竟敢殺害我的族人，我們今天撕破山棕葉詛咒你們，如果不定期舉行祭典悼祭我們死去的族人的話，你們賽夏族必然會遭遇滅族的大災難。」據說，山棕葉原本是一整片橢圓形的樹葉，卻因為被矮人這樣憤怒的亂撕，才變成現在的羽狀葉片。

賽夏族人趕跑了矮人，整個族群都非常開心，不把矮人的詛咒放在心中。但沒想到的是，過沒多久，部落裡竟然真的開始發生瘟疫，農作物收成也很不好，族人苦不堪言。這時有人想起矮人的詛咒，為了平息部落裡的災難，賽夏族便開始舉辦矮靈祭，祭悼因為衝突而死去的矮靈，也祈求神靈保佑賽夏族的平安豐收。果然，隔年瘟疫便退去，農作物也開始恢復了以往的收成，從此，矮靈祭變成為賽夏族最重要的慶典之一。這是一個尋求原諒，也是一個化解恩怨、祈求和平的祭典。

傳達懺悔、感恩、回憶與祝禱

矮靈祭在賽夏語裡稱為「巴斯達隘」（Pas-taai），「taai」就是「矮人的神靈」的意思，矮靈祭就是對矮人神靈的祭典。

一個完整的矮靈祭包含「迎靈、娛靈、送靈」三個階段，歷時六天五夜，其中迎靈與送靈是莊嚴神聖的儀式，不適合外族人參加。矮靈祭的時間通常都在農曆十月中旬左右，確切的時間則要由南北祭團裡的朱姓長老們決定，雙方以芒草打結的方式來預訂日期，每天剪去一個草結，直到祭典日為止。

祭典的第一天，就是「迎靈」，也稱為「招靈」。由朱家拿著弓箭向東方射去，告訴矮靈們祭典開始了。隨即便以神祕的儀式來迎接矮靈，當天晚上則準備豐盛的豬肉串與糯米酒來召喚矮靈。

第二天就是「娛靈」，娛靈的意思是與矮靈同歡共舞，也是整個矮靈祭典中最歡樂的部分。在娛靈儀

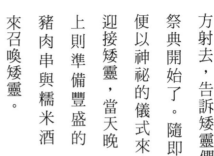

式中，賽夏族人會在背上掛著由竹管或小鋼管做成的「臀鈴」，連續唱歌跳舞三天三夜，呈現當年與矮人和睦相處的情景，也期待著能重回那段歡樂的時光，是美好愉快的慶典儀式。

娛靈儀式結束後，緊接著就是「送靈」，送靈儀式的歌曲會變得比較單調，低沉的吟唱聲音，代表賽夏人對祭典的尊重。

最後，祭團還要到過往矮人族居住的河邊山洞去歡送矮靈，在送走矮靈之後，賽夏族人們會在河邊烤肉，唱歌跳舞。到此，代表懺悔、感恩、回憶與祈福的矮靈祭才正式結束。矮靈祭的圓滿結束，也代表著未來兩年在矮靈的保佑下，賽夏族人必將平安，農作物必定豐收。

山與海的饗宴——阿美族豐年祭

在臺灣的原住民族群當中，阿美族（Pangcah／Amis）可以說是最具知名度的一個族群，事實上他們也是人數最多的一個族群，目前總人口數大約有十九萬人，主要都居住在花東地區，還有少部分則分布於屏東縣牡丹鄉與滿洲鄉一帶。

阿美族雖然是臺灣的原住民，但是根據阿美族神話傳說，他們原來並不是住在臺灣的。據說，阿美族的祖先來自遙遠的彼方，那裡風景很好，氣候也相當溫和，祖先們生活平靜，但是，有一年突然發生了一場不可抗拒的大災難，其中一對兄妹情急之下趕緊搭乘木筏出海，幸運避過了災難。兄妹倆孤苦無依的在海上漂流了好久，餓了就捕魚吃、渴了就喝雨水，最後終於讓他們來到一座美麗的島嶼，兩人高興得抱在一起。合力登上島嶼之後，兄妹倆發現這座島上氣候宜人，植物茂盛水果鮮美，動物更是多到滿山遍野跑，比原來居住的地方還好，他們非常開心，決定在這座富庶的島上定居下來，這座島嶼就是我們臺灣。阿美族的祖先在臺灣島的東部登陸，從此，阿美族就在東臺灣繁衍開來，成為最大的原住民族群。

不過，這只是傳說，研究人類歷史的科學家們又是怎麼說的呢？阿美族屬於南島語族，與菲律賓或馬來西亞的某些種族相同，根據學者的研究，也認為他們的祖先很有可能是從菲律賓或馬來半島一帶渡海到臺灣定居的，這個研究結果，跟阿美族人神話裡，祖先從海上來臺的傳說不謀而合，真的非常神奇。

女性地位高的社會

阿美族（Amis）這個名稱聽起來雖然很美，但卻是一個誤稱，最早的時候，阿美族稱呼自己是「Pangcah」（讀音接近「邦查」或「斑炸」），就是「人」或「同族人」的意思。而「Amis」這個族稱，在阿美語裡其實是「北方」的意思，因為以前卑南族的居住範圍在阿美族的南邊，因此，當他們遇上阿美族時，總是用族語稱呼他們為「Amis」，而阿美族在接觸到南方異族時，也多以「Amis」自稱，久而久之，稱阿美族為「Amis」的人就比稱他們「Pangcah」的人還要多，成了阿美族主要的族名。

阿美族裡的女性在家族裡有很大的權力，家族中所有的事務都由女性全權掌握。在他們的傳統中，只有長女可以繼承財產，若沒有女孩，則由其他女性為優先，男性是沒有財產繼承權的。他們結婚之後如果生了小孩，也都會跟從媽媽的姓氏。跟漢民族父系社會的觀念很不一樣吧！

雖然如此，阿美族男性在部落裡負責的事情也不少，比如說家族以外的公共事務，或者祭祀活動等，都一概由男生來處理，女性是不能插手的。這樣的分工，讓男性跟女性有各自發揮的空間，沒有誰更重要，我真的覺得很棒呢。

唱歌跳舞慶收成

阿美族因為曾在海上生活，可以算是大海的子民，又在山林中扎根生活，跟海與山的關係都很密切，所以他們的傳統節慶也是海陸通包，豐富而多元的，像是豐年祭、播種祭，還有捕魚祭、海祭等等。而在這許多傳統祭典中，就數一年一度的「豐年祭」規模最大，也是最重要的祭祀儀式，他的重要性大概就像是漢民族習俗裡的農曆過年。

小米，是阿美族最主要的農作物，也是主食之一，舉辦豐年祭正是為了歡慶小米豐收，並且感謝神靈與祖先一年來賜予的恩惠。慶典中長老們會將從祖先那裡學來的技能與風俗，教導給下一代年輕的勇士。許多部落之間也會藉此互相展示自己的武力與財力，所以，豐年祭除了歡慶豐收，同時也兼具各種不同的目的，意義非常重大。而除了這些嚴肅的過程，樂天隨性的原住民們，當然也會在慶典中加入輕鬆快樂的節目，唱歌跳舞是一定要的，許多部落裡還有特殊的「相親」節目呢，非常好玩。

小米，是阿美族傳統主食，它在族人的心目中，占有很重要的地位。小米精靈敏感又激動，就像人一樣，有眼睛可以看、有耳朵可以聽，甚至有許多超越人類的感受。除了這些，小米也跟人類一樣很有個性，人們要小心對待它。當人們在田裡收割小米的時候，要非常注意講話的聲調與用語，動作也不能太粗魯，隨便亂講話或者放屁、爭吵、打架等行為，都會惹惱小米精靈。要是真有人不小心得罪了小米精靈，可是會招來災難的。所以，早期的豐年祭並不像我們現在看到的樣子，那時候的儀式比較簡單，不過也嚴肅許多。

後來，為了某些原因，阿美族的主要作物從小米逐漸改成了稻米，不僅改變原有的生活作息，連文化習俗也有了不同的面貌。對阿美族人來說，小米是性情激烈的精靈，對於人類的好壞善惡有很明確的標準；反觀稻米，在阿美族人的眼中是一種溫和的植物，沒有

特殊原因是不會傷害人的。因此，阿美族人在種植稻米時就顯得比較輕鬆自在，唱歌、聊天、打打鬧鬧都是很常見的現象，而這樣的生活改變，也連帶影響了豐年祭的樣貌。

原本阿美族人的祭典時間，大多配合小米的收成期，以稻米當作主食後，祭典的時間也自然變成以稻米的收成季節為主，所以，現在阿美族豐年祭的時間大多在稻作收成的七、八月份。雖然統稱為豐年祭，但因為各部落間地區與風俗略有差異，所以也各有不同的稱呼；而因為各地氣候不同，舉辦祭典的時間也會有所不同，連祭典的天數，各部落間都不太一樣呢，短的只有一天，長的多達一個禮拜，一切全看各部落頭目與長老們開會決定。

音樂與舞蹈是祭典不可或缺的重要項目，有唱歌跳舞，豐年祭才算得上完整。祭典上的歌舞是男女有別的，大部分以男性為主，女性多半是陪襯的角色，比如說「勇士舞」，就是由年輕男生集體合跳，展現出整齊的戰鬥動作，令人震撼。

雖然唱歌跳舞是整個豐年祭的重點活動，但祭典儀式還是有一定的流程，整個豐年祭最主要分為「迎靈、宴靈、送靈」三個階段。

迎靈，就是迎接神靈的意思。在迎靈的過程中只有男性可以進入舞圈，女性和小孩不能進入場內，否則是會遭到神靈處罰的。

到了第二天，就是宴靈的時間，這時候氣氛就不會像迎靈祭那麼嚴肅，比較歡樂，也自由許多。這時也可以招待客人了，阿美族人會準備豐盛的美食宴請外賓，來賓也能觀賞到阿美族人美妙的舞蹈。宴靈祭典一般會舉行兩天以上，緊接著就是送靈儀式。迎靈時只有男性跳舞，到了送靈時，就顛倒過來，換成只有女性可以進入舞圈裡跳舞，而且送靈儀式所吟唱的歌與跳的舞，也跟迎靈時有所不同。

根據阿美族的傳統，在送靈這天晚上，女孩子可以把自己的阿魯富（檳榔帶，或可稱為情人袋）送給心儀的人，也可以把檳榔放到對方的阿魯富裡；男孩如果吃下女生送的檳榔，就表示也喜歡對方，兩人便可成為伴侶。

這就是阿美族的豐年祭，從迎靈到送靈，從男性的歌舞到女性的歌舞，完整而平衡的儀式，讓族人間的情感更融洽，部落也更團結。

從大海而來，與山林親近，兩性平等相處，阿美族真是個快樂的族群！

海潮的恩賜——達悟族飛魚祭

說到達悟族，你會想到什麼？蘭嶼？拼板舟？丁字褲？還是飛魚祭？

達悟族是臺灣的原住民裡唯一居住在離島的族群，他們住在蘭嶼，因為島上沒什麼野獸的關係，所以他們不打獵。這點，跟臺灣其他原住民族群有很大的不同。除了簡單的農業，他們幾乎完全仰賴漁業為生，因此對海洋很熟悉，也發展出非常豐富的海洋文化。

達悟族以前被稱作雅美族，到了一九九八年才正名為「達悟族」。達悟族是個以海為生的族群，對於大海非常尊敬，蘭嶼是他們世代居住的島嶼，蘭嶼早期被稱為「紅頭嶼」，是全臺灣唯一被歸類於熱帶雨林氣候的地區。一年到頭都在下雨，氣候溫暖潮溼，後來因為島上生長的蝴蝶蘭在蘭花比賽中得名，便由政府改名為「蘭嶼」。

在達悟語裡，蘭嶼這座島叫做「Ponso no Tao」，達悟之島，也就是「人之島」的意思。

天神恩賜美麗島

達悟族人是蘭嶼最早的主人，在達悟族的起源神話裡，蘭嶼的美，連天神都非常喜愛。有一天當天神在空中巡視大地時，發現了海上這座美麗的小島，不僅島上綠意盎然，連周圍海域的海洋生物種類都非常豐富，湛藍的海水裡有許多歡樂的迴游魚群生活著。天神看了這座以前從沒注意過的小島，對自己的忽視有點懊惱，他想要讓人類到這座美麗的島上生活，便從其他地方召來一男一女兩個人類子民，對他們說：「我親愛的孩子，來來來，你們看看我今天的發現，一座美麗的小島。」當天神說完話，兩個人類都異口同聲的說：「是啊，好美的島。」天神見兩人對小島也非常喜愛，便開口說：「今天我召喚你們來，就是想要詢問你們願不願意到那小島上生活，我會賜予你們繁衍的能力，並保佑你們的後代在島上生活平靜，衣食無缺！」兩人低下頭沉思，對看了一眼之後，便由男生開口說：「天神大人，我們非常願意，感謝您的恩賜。」

徵得兩位子民的同意，天神便把一顆石頭剖開，把那位男生放到石頭裡去，再將石頭合併起來。再另外拿一節竹子扳開，把女生放進竹筒裡，同樣將竹子合攏復原。接著，天神將石頭與竹筒從天上往那座美麗的島放下去，石頭與竹筒在空中墜落了好久，因為石頭比較重的關係，就早一步掉落在島上的一座大山上，「碰！」的一聲，石頭裂開，男生從石頭裡走出來，看見四周風景美好、鳥語花香，他很喜歡，就定居下來。而裝著女生的竹筒隨著強風飄呀飄，飄到山腳下，「喀！」一聲，竹筒裂開了，女生甦醒過來，對眼前的美景驚豔不已，也住了下來。過了一段時間，男生一個人在山上住膩了，就一路走到山下來，遇上住在山下的女生，兩人終於在人間重逢，都非常開心，各自說著落到凡間後的生活，彼此都覺得很新鮮。後來，為了互相作伴，男生就搬到山下與女生住在一起，兩個人分工合作，日子過得很幸福。

但是，有一天，不知道為什麼，兩人的膝蓋突然又紅又腫，而且還癢得不得了。兩人雖然感到痛苦與疑惑，卻無計可施。日子一天一天過去，膝蓋卻越腫越大，十個多月後兩人的膝蓋竟然都各自生出一男一女。兩人知道這是

天神賜予他們的神蹟，都非常開心。四個孩子出生後生長快速，很快就長大成人。誕生於石頭的爸爸和誕生於竹筒的媽媽便讓他們結婚，從爸爸生出的兄妹結為夫妻，從媽媽生出的兄妹也結為夫妻。兩對新人很快又生出孩子，但是孩子卻都不健康，不是眼睛看不見，就是少了一條腿，兩對都生不出完好的孩子，讓家族裡的人大傷腦筋。

後來，石頭爸爸想了一個辦法：「竹女，既然兄妹結婚總是生出畸形的孩子，要不，我們試著讓他們交換妻子，妳看好嗎？」

「石男，事到如今，也只有這樣試試了。」竹子媽媽也同意這個辦法。

果然，交換妻子之後生出的孩子，不再有任何缺陷，血脈也就順利傳承下去。過了幾十年，石頭爸爸與竹子媽媽都老了，兩人的後代子孫已經開枝散葉在島上各自生活。這時，充滿智慧的兩人便開始為島上的所有物種命名，讓人類與大自然之間的連結更加緊密。

但，一直到這時，人類卻還沒有自己的名稱，所以他們便以「達悟」（Tao）自稱，也就是達悟語裡「人」的意思，這就是達悟族的起源由來。

那麼達悟族最為人稱道的飛魚祭，又是怎麼來的呢？

這，又是另外一個傳說了。

飛魚之神指示長老

由於住在海島上，自古以來達悟族便是以海為生，海洋是達悟族的生命之源，族人對於海洋也非常尊敬，認為海洋中的各種生物都有神靈。

在捕捉的海魚當中，達悟族最喜愛飛魚，這種有著大大的魚翅，在海裡充滿活力，又可以直接從水裡竄飛到空中的飛魚，深深的吸引著達悟族人，對他們又愛又敬，認為是神送給他們的禮物。

每當捕捉到飛魚，達悟族人都開開心心的把飛魚跟所有的食物一起煮來吃，享受這上天賜予的美食。這樣的生活無憂無慮，但是達悟族人的身上卻長期都有皮膚病，又癢又痛，嚴重的還流血流膿，所有人想盡了辦法卻無法根治，讓族人感到非常困擾。最後只好決定，不要再吃飛魚了。

飛魚是神賜給達悟族的食物，當飛魚之神看見達悟族竟然不知道如何食用神的禮物時，感到很傷心，便選了一個

晚上，化身成黑翅飛魚跑到長老的夢裡去。

「達悟族人，我是飛魚之神。」

「啊，敬愛的飛魚之神！」長老在夢中，對神靈依然尊敬。

「你們是我喜愛的子民，我送給你們飛魚這個美好的禮物，但為何你們最近都不吃啦！」

「對不起，飛魚之神，請原諒我的族民，因為我們吃了飛魚之後，全身又癢又痛，無法忍受呀！」長老恭敬的說著。

「讓我來教導你們正確吃飛魚的方法，免去你們皮膚病的痛苦！你一定要記住我講的話，醒來後告知你的族民，遵守每一項規則，千萬不可違背，這關係到你們達悟族世世代代的生存，你可知道？」

「是的，我一定會仔細聽好，牢記在心，告誡我的族民！」

接著，飛魚之神便將捕捉飛魚和食用飛魚的各種方法與禁忌傳達給長老，當飛魚之神說完，一個翻身便躍入海中，長老也突然驚醒。他回想著夢裡的情境，趕緊把族人集合起來，向他們宣導飛魚之神的指示。

首先，就是要達悟族人在飛魚到來的季節裡，舉辦飛魚祭。因為飛魚之神的指示，達悟族的飛魚祭有許多程序與禁忌。在祭期當中，族人們說話、做事等行為舉止也都需要特別注意，不能說不吉利或罵人的話，否則會冒犯了飛魚的神靈。

飛魚之神說，飛魚是聖潔的食物，當族人捕獲飛魚之後，不可和其他食物混著吃，才不會長皮膚病。飛魚一定要用乾淨的鍋子單獨煮食，連煮食飛魚食用的字眼也要跟其他食物不同。飛魚之神還將飛魚分成女人魚、男人魚、老人魚和小孩魚等，各有烹調和食用上的禁忌，不能亂吃。

不能吃別的部落捕到的飛魚，當然，也不可以把自己捕的魚送給其他部落的人吃。吃飛魚的時候要整條一起吃，不可切成碎片，尤其不能把尾巴和鰭胸切掉，否則以後會捕不到魚。捕飛魚的時候不能太貪心，只要能夠吃一年就好了，若捕捉太多，明年也會捕不到魚。若飛魚真的太多了，可以晒成魚乾慢慢吃，千萬不能丟棄。

達悟族的飛魚祭跟其他原住民族群的祭典不同，它並不是幾天的慶典活動，而是隨著飛魚、鬼頭刀等迴游魚類來臨的季節，從二月底開始，經過太平洋黑潮流經蘭嶼的三月到六月間，一直到十月左右，整個飛魚祭長達八、九個月，期間所有的慶典儀式，如漁船結成祭、飛魚漁祭、個人漁招魚祭、小船初漁祭、個人漁獵終止祭、飛魚終食祭等，都可以統稱為飛魚祭。

而當飛魚的季節結束之後，為了慶祝漁獲豐收並且感謝飛魚之神的賜予，達悟族人會歡樂的唱歌跳舞，並把家裡的作物、魚乾等，分送給老人們或某些因為無法出海而缺少食物的家庭。因為達悟族人相信，對部落裡的族人無私分享並且互助互惠，才能永遠延續命脈，世世代代蒙受神靈的恩惠。

勇氣的傳承——鄒族戰祭

「一二三，到臺灣，臺灣有個阿里山……」臺灣的原住民族群很多，在阿里山上就有一支驍勇善戰卻又純樸好客的原住民，他們是「Tsou」，我們稱為「鄒族」。

鄒族在地域上有北鄒與南鄒之分，北鄒最主要聚集的地方在嘉義縣的阿里山鄉以及南投縣信義鄉，南鄒則大多居住在高雄縣市。他們是臺灣現存的原住民族中，人數第二少的族群，大約六千多人，只比賽夏族人還多一點。因為人口少，許多部落裡頭文化習俗的傳承，就顯得更重要。

其實，鄒族在臺灣定居的歷史很長了，至少有三、四千年之久。古早時候鄒族不善農牧，最主要的生存方式就是打獵，因此，他們的戰鬥力十足，

是很強大的狩獵民族，全盛的時期人口還高達數萬人。後來因為許多歷史因素，再加上與異族通婚的結果，導致鄒族人口數量逐漸減少，而生活形態也從原本的漁獵，改為以農牧為主。

鄒族是典型的男性社會，他們的家族觀念非常嚴謹，舉凡狩獵、耕種、婚姻、祭典等等活動，都是以氏族為單位集體行動。所謂的氏族，就是由幾個姓氏的家族所組成的生活群體，凝聚力很強。鄒族的社會結構有很細緻的分別，從單一氏族家族到大社部落，層層聯繫，是很有組織的族群。

神聖的庫巴

在鄒族的社會觀念中，只有擁有儀式會所——庫巴（Kuba）的大社，才能夠舉辦整個部落的祭祀或慶典，所以，大社可以算是鄒族的政治、軍事、經濟與宗教中心，每當有祭典儀式或部落會議，鄰近的氏族與聯族的首領，都要到大社來。

「庫巴」是鄒族大社裡最神聖的場地，幾乎所有的會議討論、生活教育、狩獵技巧，還有歷史傳承等等，都會在庫巴裡進行。鄒族是父系社會，庫巴就是男子集會所，只有男人可以進入，女生是不可以進去的，庫巴的建築與修繕工作也一概都由男人來負責。

那麼，這個神聖又神祕的庫巴，長什麼樣子呢？它其實有點像是有茅草屋頂的高腳涼亭，所有的梁柱都是用鄒族獨特的藤編技術來固定，外表看起來雖然有點鬆散，但其實還挺堅固。因為離地面有點高度的關係，每一座庫巴都有搭設樓梯，在樓梯的旁邊和屋頂上都種植一種叫做木槲蘭的花，傳說這是鄒族戰神頭上的裝飾品，是鄒族的神花。另外，在庫巴會所外面還可以看見一個有點恐怖的東西，叫做「敵首籠」，聽名字就知道，這是一個懸掛敵人頭顱的器具。每當鄒族戰士出外打了勝仗，就會把敵人的頭顱砍下來當作戰利品，而被帶回來的敵人頭顱，就放在庫巴門口的敵首籠裡頭，敵首籠通常高高掛在庫巴門口的梁上，非常醒目。古老的鄒族戰士們相信，在每次出征前祭拜敵首籠裡的頭顱，可以獲得上次斬殺敵人的力量，再度取得勝仗。現在習俗已經改變了，鄒族人不再獵殺人頭，庫巴外面已經不常見敵首籠，即使有，也只是一種象徵的物品，不會真的把人頭放在那裡面了。

另外還有一個東西也非常重要，那是一顆石頭，通常被放置在一個長條形的藤架上。這個石頭乍看沒什麼出奇，但要是詢問鄒族人，他們就會告訴你一個神奇的故事。據說在很久以前，有一位鄒族的小朋友在溪邊抓魚的時候，看見一個從天際深處垂降下來的藤籠，他好奇的爬上去，沒想到就被帶到天上去了，從此再也沒人見過他。十幾年過去，有一天，庫巴裡突然從天上掉下來一個年輕人，把正在聚會的眾人嚇了一跳，經過仔細確認，原來這年輕人就是當年被帶到天上去的孩子，他已經長大了。當年他被天神選中，到天上去學習各種漁獵耕種的技術和祭祀天神的儀式，幾年下來終於學成，現在奉天神之命來教導族人。而跟著他一起掉下來的，還有一支長矛、盾牌和一顆圓滾滾的石頭。長矛和盾牌是天神賜予鄒族人的狩獵利器，而這顆石頭，就成了鄒族人的聖石，總是放在藤編的架子上供奉著。

除了聖石，在庫巴裡面的正中央都會有一個火塘，火塘裡的火象徵著族人的生命與戰力，終年都不能熄滅，否則不吉利。

赤榕樹的神話

庫巴外面是部落的集會廣場，廣場上一定有一棵赤榕樹，赤榕樹上的枝葉代表著族群的興旺，不能輕易碰觸或摘採。

為什麼鄒族人對於赤榕樹這麼尊敬呢？這可是跟鄒族人的起源神話有關。在遠古的傳說中，這世界上有一個掌管天地萬物的終極大神，叫做哈莫（Hamo）。哈莫大神創造世界，並降臨大地巡視，感覺到這世界雖然美麗，但卻寂靜而沒有生趣。他走到一棵茂密的樹下，用力的搖晃樹幹，樹上的葉子禁不起大神搖晃紛紛掉落。神奇的是，當樹葉落地，竟然就變出了鄒族人（Tsou）與馬雅族人（Maya）。哈莫大神搖晃的這棵樹，就是赤榕樹。用赤榕樹的落葉變出鄒族人與馬雅族人之後，哈莫大神覺得還不夠，他又走到另一棵樹下，這是一棵茄苳樹，他再度用力的搖晃樹幹，落下的樹葉就變成了漢人，從此這世界就有了鄒族人、馬雅族人與漢人。

後來，這世界發生了大洪水的災難，鄒族人與馬雅人為了避難，紛紛逃到玉山的山頂上。在等待洪水退去的日子裡，鄒族人與馬雅族人靠著玉山上豐富的植物與獵捕動物為生，因此將玉山視為「聖山」。後來，洪水終於退去，鄒族人與馬雅人紛紛下山另覓居住地點，馬雅人移往平原生活，而鄒族人則選擇繼續留在玉山的山區裡。離去前，兩個族群的首領取來一把箭，把箭折斷當作族群友善的信物，就此分別，各自生活。

有一點奇怪的是，神話中的馬雅族與鄒族人分道揚鑣之後就消失不見了，在歷史上幾乎找不到他們存在的紀錄，許多學者對這點都非常好奇，正努力研究中呢。至於鄒族人最讓人津津樂道的「馬雅斯比祭」（Mayasvi），也就是「戰祭」或「凱旋祭」，是否與消失的馬雅族有一點點關連呢？那就不得而知了。

象徵團結、捍衛部落的祭禮

說到鄒族的戰祭，那可是部落裡的大事。遠古時代以狩獵為生，天性強悍的鄒族，最崇拜的神當然非戰神莫屬了。而之所以會稱作「戰祭」或「凱旋祭」，顧名思義，除了對天神哈莫表達敬意之外，最主要的就是對戰神的獻祭了，祈求戰神賜給部落勇士們強大的力量與信心，可以保護所有族人的生命安全，也希望戰神能為鄒族面臨的每一場戰役帶來勝利。

通常祭典活動都在二月或八月，由「達邦」與「特富野」這兩個大社輪流商議舉行，儀式的地點當然就在大社裡最神聖的庫巴。鄰近所有的氏族與聯族等聚落，都要聚集到這裡。祭典期間，鄒族的勇士們會穿上最華麗的傳統服飾，並前往摘取許多新鮮木槲蘭來裝飾庫巴，歡迎天神降臨，準備迎接最盛大的「戰祭」。

戰祭的舉行是部落最盛大的事件，從事前的預備工作開始，整個部落便瀰漫著莊嚴而興奮的氣息，而在祭典當下，族人的凝聚力都在鄒族特殊的歌舞中渲染開來，一直延續到祭典結束，非常隆重。

當祭典開始，象徵著生生不息的塘火會從庫巴裡被移到廣場中間，這時頭目會指示鄒族的勇士們抬來一頭小豬，將小豬綁在「聖樹」赤榕樹前。頭目或長老會用長矛將小豬刺死，再由勇士們把豬的血塗抹在聖樹上，象徵將獵捕的戰利品奉獻給天神，塗抹豬血時，勇士還要大聲的嘯叫，恭請戰神接收獻禮。接著，幾位被指定的勇士們會帶著砍刀，爬上塗滿豬血的聖樹，開始砍除聖樹的枝葉，沒多久茂盛的聖樹底下就會落滿樹枝樹葉，最後會選擇留下三枝樹枝，一枝指向頭目家，一枝指向會所，另一枝則指向此次主辦祭典的氏族家，代表著無限的生機。而被砍得光禿禿的聖樹，也因為旺盛的生

命力，沒多久又會生長出茂密的枝葉來。

把聖樹的枝葉砍削落地這個儀式非常特別，我想，這個儀式應該與天神搖落樹葉變出人類的神話有關。

當聖樹的枝葉都被砍掉後，所有參與祭典的鄒族人就會開始圍繞聖樹，吟唱鄒族古老的迎神祭歌。接下來的儀式更是多樣，從「團結祭」、「男嬰初登聖所禮」、「成年禮」、「唱戰歌」、「歌舞祭」、「道路祭」到「結束祭」等等，儀式繁複而隆重，每個儀式都有它的代表意義，要確實執行不可馬虎。

最後在所有族人共同吟唱的送神歌聲中，眾人依頭目指示，將廣場上的火堆熄滅，宣告祭典圓滿結束，表示天上眾神都接收到了鄒族人的獻禮與虔誠的敬意，將繼續保護族人生命安全，並帶領他們蓬勃發展。

這就是鄒族特有的「戰祭」（Mayasvi），雖然現今的鄒族人已經不再需要為了生存與領地而戰，但這樣特殊的祭典儀式依然在部落裡延續到今天，讓鄒族人記得天神的恩賜與疼惜，並且警惕自己永遠不要失去心中的勇氣。

臺灣特亮點

技藝的刻痕——臺灣木雕

人人都知道我們臺灣是「福爾摩莎」，氣候溫和、雨水豐沛，所以島上的物種非常多樣，各種樹木都生長得很茂密，提供了豐富的生活資源。臺灣人也沒有辜負土地賜予我們的財富，不管是建築、宗教、藝術或生活起居，都跟樹木有關，也因此發展出蓬勃的木雕工業。

臺灣木雕技術的起源，其實跟另一項臺灣的特色有很大的關係，那就是「廟宇」。臺灣的廟很多，是全世界廟宇密度最高的國家。既然可以算是世界上最多廟的國家，那麼，所有跟廟有關的工藝，比如建築、漆藝、石雕、木雕、泥塑、製香等等，必然會有許多出色的表現。

早在三、四百年前，鄭成功趕跑荷蘭人統治了臺灣，就開啟了臺灣與大陸兩岸居民之間的互相交流，漢人的祖先從福建、廣東兩個省分渡海來臺發展。移民進入了臺灣，不只開墾、建設，還把他們原鄉的生活習俗和信仰文化帶了過來，那時候，臺灣的廟宇就這樣一間一間的建起來。

這些過程，記錄在歷史裡只是短短的幾句話，但事實上，要蓋一座廟可不是簡單的事，需要有豐富的知識與高明的技術。許多來自福建省泉州、漳州、福州等地的建築師父與雕刻師父們，紛紛捲起袖子，投入廟宇的建造與神像的雕刻，有時遇到難度太高的工程，甚至還遠從福建省聘請知名的木工師父來幫忙。臺灣靠海的幾個重要縣市，如臺南、雲林、鹿港、臺中、艋舺等等，都因為有大量漢人居住，而建造了數不清的廟宇，也孕育出許多厲害的神像雕刻師父。臺灣許多高明的工藝技術，都是在這個時候產生的。雖然經過時代的變遷，科技進步，這些手工藝現在看起來都有點過時了，但如果你到這幾個縣市裡去找，依然可以找到不少厲害的手工師父，他們都還默默的在傳承著這些傳統工藝呢！

泉州師父到鹿港

在這些臨海的城市當中，要說木雕工業最發達的地方，那就非「一府、二鹿、三艋舺」的鹿港鎮莫屬了。鹿港的地名裡有個「港」字，就表示它曾經是個港口，但現在因為泥沙淤積，港口早已消失。不過，當年港口還在的年代，鹿港可是熱鬧非凡。據說當時臺中市的人口只有幾千人左右，鹿港的人口卻已多達十萬人了。鹿港除了人多之外，廟也多，龍山寺、文武廟、天后宮等著名的古蹟，都是那段時期建造的。廟宇一多，自然需要很多的神像坐鎮，所以鹿港就成為臺灣神像雕刻的重鎮，幾百年來，出現許多「神刀」級的神像雕刻師傅，比如說李克鳩、施禮、李松林、吳清波、施坤玉等等，都是堪稱一代宗師的知名雕刻匠師，他們的後代也繼承衣鉢，繼續發揚木雕藝術。

回頭來說，為什麼當時的鹿港會這麼熱鬧呢？因為鹿港是距離福建泉州最近的港口，所以泉州許多貨物商品都直接與鹿港做交易，又因為鹿港位於臺灣中部，上岸後南來北往都很方便，所以許多外國商船也都選擇停泊在鹿港。那時候，海上的商船想要停靠鹿港，可是要排隊的呢。因為與泉州直接貿易的關係，鹿港的木雕工藝技術，最主要也是來自於泉州派的師傅。雖然同樣是福建省的縣市，但泉州、漳州與福州三個地方的雕刻技術還是有點不一樣，「泉州派」的雕刻技術，是先大略刻出神像的粗胚，後製時再慢慢的精修；而「漳州派」則剛好相反，在刻製粗胚的時候，就已經非常仔細的把雕刻物的五官與衣物皺褶等細節刻出來，後製就簡單些；至於「福州派」的工法，則是介於兩者之間。

十八世紀末期到十九世紀中期，是鹿港木雕技術發展的巔峰期。「鹿港師傅」的工藝技術，慢慢取代了「唐山師傅」的地位；來自鹿港的雕刻品，成為品質的保證，價格水漲船高。

可惜的是，到了日治時期，因為日本人與臺灣人信仰不同的關係，廟宇和神像的數量被大大的限制了，再加上鹿港因泥沙淤積，失去了港口運輸的功能，人口外移，昔日的繁華逐漸沒落，連帶的影響了鹿港的木雕工業，許多雕刻師傅不是轉為製作其他木作的器具，就是變成雕刻藝術家。雖然鹿港的木雕產業並沒有因為這樣的衝擊而消失，但卻再也無法回復到往日的榮景了，這真的是非常可惜的事情。

三義木雕演變傳奇

除了鹿港，在臺灣的木雕歷史上，還有另外一個重要的城市，就是苗栗縣的三義鄉。三義原本叫做「三叉河」，那是因為溪流來到這裡就變成三叉形狀的關係，它是苗栗縣最南端的鄉鎮，地理特色是有一點高度的丘陵地形，所以很適合生長樟樹，而因為氣候的關係，冬季時三義地區常常飄起濃霧，所以又有「臺灣的霧都」之稱。

樟樹是早期臺灣的特產，可以作為建築材料，又可以提煉樟腦丸，在當時可是超級搶手的經濟作物，三義之所以成為臺灣的木雕重鎮之一，也是因為盛產樟樹的關係。日治時期，日本人大量砍伐我們臺灣的珍貴樹木，樟樹這麼有經濟價值，當然也不例外，當時的山坡地上就經常可以看到被砍伐之後遺留的樟樹頭。

大約在一九二〇年代左右，有一個三義鄉民吳進寶，他看到許多樟樹頭被白蟻或害蟲蛀蝕成奇形怪狀的模樣，心裡突然靈光一閃，把這些樹頭都挖回去，依著樹頭被蛀蝕的形狀，再做加工，修飾出各種造型特殊的產品，推出後竟然大受歡迎。看見商機，吳進寶很快就在三義成立了東達物產公司，專做樟木的雕刻與買賣，從此開啟了三義成為木雕小城的契機。

吳進寶的兒子名叫吳羅松，他不僅繼承了父親的樟樹頭加工事業，還向日本人學習更高深的雕刻技術。學成之後，吳羅松除了加工修飾，還能進一步以樟樹頭為材料，雕刻出各種不同的造型，這下子，可讓樟樹頭從最沒有價值的木頭，搖身一變成為最珍貴的藝術品。看到吳家父子把人們不要的樟樹頭廢物利用，還賺了大錢，其他人也紛紛投入雕刻這門行業，三義地區的木雕風氣就這樣被帶起來了。

跟吳羅松同時投入雕刻事業的，還有一位雕刻家叫做李金川，他也向日本人學習人像雕刻技術，但是他並沒有像吳羅松一樣在三義開雕刻店，而是到苗栗縣的通霄鎮發展。李金川到通霄後，很快就闖出名號，還收了一個小徒弟，這位小徒弟對

雕刻很有興趣，而且領悟力很強，深受李金川的寵愛，把一身的絕學都傳授給他。日後，這位小徒弟也不負老師的期待，成為國際知名的雕刻大師。這位小徒弟，就是現在大名鼎鼎的雕刻名家——朱銘。朱銘現在已經是國際大師，雕刻的材料並不局限在木頭上，

其他如石頭、陶土與鋼鐵等素材，他都非常精湛。目前他在新北市金山區成立一座朱銘美術館，專門展示自己與學生的作品，已經成為一個很有名的景點，有時間可以跟家人一起去看看唷。

戰爭過後，日本人退出了臺灣，吳羅松依然沒有停止推廣三義地區的木雕行業，還曾經出錢聘請福建省福州地區四位知名的雕刻師傅到臺灣來傳授木雕技藝，對於當地木雕技術的進步有很大的貢獻。這時三義的木雕產品越來越精緻，來自國外的訂單越來越多，臺灣木雕產品開始在國際上打出名號，世界各國的買家都搶著要臺灣三義的木雕產品。

原以為這樣的盛況會一直持續到永久，沒想到後來，因為景氣不好，加上環保意識抬頭，國外的木雕訂單一年不如一年，三義的木雕家們又必須動腦筋，尋找新的出路了。在西元一九八二年，中山高速公路在三義開闢了一個交流道，車子下交流道後只要幾分鐘就可以到達木雕商店聚集的道路，加上苗栗鄰近的幾個景點，組合成一條旅遊路線，國內的旅遊人潮便開始往三義湧入，讓原本沉寂下來的木雕店又有了生機。國內消費人潮的出現，也使原本以接洽國外木雕訂單為主的雕刻店，紛紛推出臺灣人比較喜愛的木雕產品，比如一些臺灣的懷舊木頭玩具、觀音菩薩、關公、達摩祖師等人物的雕像，或者是創意家具等等，帶動了瘋狂的旅遊熱。全盛時期的三義中山路上，至少有兩百間以上的雕刻店，遇到假日，人群擠得水泄不通，尤其是中山路的水美街上，更是人山人海，因為大家都知道，想要買木雕產品，到苗栗「水美木雕街」上去找準沒錯！

現在的三義，除了木雕，也開了很多個性餐廳、民宿等等與旅遊相關的產業，是國內旅遊很熱門的一個景點。許多木雕商家為了吸引更多遊客，除了製作與販賣木雕產品之外，也開始發展出「木雕教學」、「DIY自己動手做」等旅遊課程，比如說位於三義鄉重河路上的「三義丫箱寶」，就是一個由專業製作轉型為觀光工廠的成功實例。

從文章開頭一路看下來，我們看到了鹿港小鎮那種源自於中國傳統技巧的神像雕刻歷史，也看到了三義這種從腐朽的樹頭發展出來的木雕藝術，一定都令你非常佩服。自古以來，臺灣有許多像木雕這樣的傳統技藝，有的已經沒落失傳了，有的還很興盛，這些都是先人耕耘的軌跡，應該好好的記錄下來，讓更多人知道。

最美的力量——臺灣蘭花

有一首有點年紀的民歌，叫做〈蘭花草〉，它的歌詞是這樣唱的：

我從山中來，帶著蘭花草，
種在小園中，希望花開早。
一日看三回，看得花時過，
蘭花卻依然，苞也無一個……

歌詞中形容的花，美麗高雅卻又帶著一點神祕感，花開時散發出淡淡的香氣，並不譁眾取寵，像是個有才華卻低調的君子一樣，可以說世界上最有氣質的花，就是蘭花。

蘭花在我們華人的心目中，一直有著崇高的地位，在日本也是尊貴花卉的代表，就算在歐美國家，蘭花也被稱為花中貴族，深受人們喜愛。

臺灣是蘭花王國，在蘭花市場中占很重要的地位，是全球最大的蘭花輸出國，比號稱花之國的荷蘭還要厲害，尤其是蝴蝶蘭，臺灣的銷售量就占了全世界的一半，更是名副其實的世界第一。

蘭花你看過，但你知道它的歷史嗎？

綁包裹的奇妙繩子

蘭花，是一種生命力很強的花，很能適應環境，所以很早就出現在世界上了，比人類的起源還要早很多。歷史上很早就有蘭花的記載，古時候被我們稱作蘭花的，是原生於中國的「蕙蘭」，也稱作「國蘭」，中國蘭花的外形比較樸素典雅，跟平常看到那種豔麗的蘭花不太一樣。正是因為它的質樸，所以能與梅花、竹子、菊花並稱為植物中的四大君子。

相對於中國蘭花，歐美地區種植蘭花的歷史比較短，最早的紀錄是在英國，故事要從一個美麗的錯誤講起。在西元一八一八年，有一位名叫斯威遜（Swaison）的英國人，為了採集栽種花卉所需要用到的培養材料，不惜遠渡重洋跑到巴西的原始森林裡去尋找，當收集完畢需要綑綁打包時卻發現忘了帶繩子，斯威遜四處張望，在布滿青苔的

地上發現了一株蜿蜒生長，像藤蔓一樣的陌生植物，他沒多想便隨手把它摘下來當作綑綁貨物的繩子。

回到英國之後，斯威遜把收集來的植物採樣寄給一位朋友，還是用那株像藤蔓一樣的植物打包。

斯威遜的朋友名叫威廉・嘉德利（William Cattley），是一位博學的園藝專家，收到包裹後他一眼就注意到綑綁貨物的「繩子」，是他從來沒見過

的植物，他對這條「繩子」的興趣大過於包裹裡的植物，便把它種到他的溫室裡，仔細的照顧。

因為環境與土壤的關係，這株神祕的植物經過了六年才終於開花，但是，等待是值得的，這株植物開出來的花朵，美麗得令人難以形容。即便是知識豐富的嘉德利也對這株植物毫無頭緒，只好請當時的植物分類學家約翰・林德雷（John Lindley）博士來鑑定。在林德雷博士專業的鑑定下，確定這是一個全新的物種，兩個人都非常興奮。為了肯定並且感謝威廉・嘉德利這個全新的發現，林德雷博士建議，就以嘉德利先生的名字來為這朵花命名，這就是嘉德麗雅蘭花屬名的由來。

因為是歐洲最早被發現的蘭花，花型奔放絢麗，所以嘉德麗雅還有「蘭花之王」的稱號，它也是歐洲最早被引進臺灣的蘭花，所以又被稱作「洋蘭」或「西洋蘭」，成為歐美進口蘭花的統稱。

世界第一蘭花大國

知道了「國蘭」與「洋蘭」的歷史，關於臺灣蘭花栽種的歷史，我們當然不可不知。

臺灣人天性純樸，對蘭花這種尊貴的花並不特別有興趣，直到日本人統治臺灣，因為日本的氣候比較冷，較不適合栽培蘭花，但偏偏他們又很喜歡這種雍容貴氣的花，所以就從英國把嘉德麗雅蘭花引進臺灣試種。

沒想到臺灣氣候溫和穩定，嘉德利雅蘭花一進到臺灣就像回到故鄉巴西一樣，完全沒有適應的問題，栽培成功。臺灣成了日本培養蘭花的超級大溫室，開始大量引進蘭花栽種，奠定了臺灣蘭花的基礎。到了日本人撤出臺灣的時候，臺灣已經是亞洲的蘭花大國。度過了第二次世界大戰的烽火，臺灣人民生活逐漸安定富裕，開始懂得享受生活，觀賞價值高的蘭花又有了市場，培養蘭花的風氣也慢慢提升。

許多有遠見的花商開始積極與世界各國接洽，從國外進口許多新的蘭花品種，再加上臺灣傲人的農業科技，臺灣蘭花的種類豐富多樣，漸漸站穩了世界第一大蘭花王國的地位。每年國際蘭花展覽，臺灣的蝴蝶蘭、一葉蘭、拖鞋蘭等特有品種都成了搶手貨，讓世界花卉強國——荷蘭感到很大的壓力呢。

二〇〇四年底，政府規劃許久的臺灣蘭花科技園區終於在臺南正式啟動運作，吸引許多研究與養植蘭花的廠商進入，更在二〇〇六年主辦了「臺灣國際蘭展」，與「世界蘭展」、「亞太蘭展」並列為世界三大蘭展，世界各國愛蘭人士紛紛來臺朝聖，大大提升了臺灣的國際形象。

蝴蝶蘭・仙履蘭・一葉蘭

下面再向大家介紹幾種臺灣知名的蘭花品種。

最知名的是蝴蝶蘭，顧名思義，就是長得像蝴蝶的蘭花。開花時花瓣左右展開，就像蝴蝶展翅飛翔一樣，非常漂亮，前面提到嘉德麗雅蘭號稱「蘭花之王」，蝴蝶蘭則被稱為「蘭花之后」，名聲非常響亮。我們臺灣產的白花蝴蝶蘭，是世界上非常知名的蝴蝶蘭之一。臺灣的蝴蝶蘭原本盛產於蘭嶼、臺東與恆春一帶，經過人工培育，現在種類很多，也已經到處可見。它的花語是「幸福」、「純潔」、「豐盛」、「快樂」、「滿足」、「吉祥」和「長久」，因為它美麗大方的姿態，非常適合送禮，在美國，蝴蝶蘭盆栽的銷售量可是僅次於聖誕節的聖誕紅呢。

仙履蘭又稱拖鞋蘭，意思就是女神的鞋子，因為它的唇瓣長得就像一隻小拖鞋，是一種非常特別的蘭花。因為它的兩片花瓣長長的像鬍鬚一樣，也有人以臺語稱它為「老公仔嘴鬚」，是不是很有趣呢？臺灣仙履蘭大多分布在中部南投埔里地區、臺中東勢、豐原地區、彰化大村、埤頭地區，南部嘉義竹崎、水上地區、臺南新營地區以及高雄、屏東及臺東一帶。

關於仙履蘭，有個小故事，傳說天上有個美麗的小仙女，她的天神爸媽對她的管教非常嚴格，總是不許她私自下到凡間。有一天夜裡她故意裝睡，趁著爸媽沒注意，也不管身上還穿著睡袍和拖鞋，就偷偷的溜到人類世界去了。到了人間，看見繁花盛開的美麗景色，小仙女非常開心，玩得不亦樂乎。突然間，她眼前出現一個怪物，怪物喜愛美麗的小仙女，想要追求她，但小仙女害怕極了，轉身就想逃回天宮，但是在匆忙之中，她的一隻鞋子掉在人間的一朵花上面，小仙女不敢下凡來拿回去，仙女的鞋子跟花瓣逐漸融合，就變成了現在仙履蘭的模樣。

最後，當然不能忘了介紹臺灣一葉蘭，它又叫做臺灣獨蒜蘭或臺灣慈姑蘭，因為花莖上只會長出一片葉子，所以被稱作一葉蘭。臺灣一葉蘭是臺灣特有的一種蘭花，喜愛生長在阿里山與溪頭山區，因為清麗高雅而且面貌多變，很受國外愛蘭人士的青睞，曾在英國得過六次蘭花大獎，到現在依然是得獎紀錄的保持者。也因為太受歡迎的關係，被不肖商人大量的摘採，現在臺灣山區已經很少見野生的一葉蘭了，幸好政府在阿里山、溪頭與梅峰等中海拔地區都有規劃一葉蘭的保護區，保護這些臺灣嬌客不受侵擾。

蘭花是世界上樣貌最豐富的花，臺灣培植蘭花的實力堅強，是最美麗的力量。多多了解蘭花，也許有一天，你也會是臺灣蘭花領域的生力軍呢。

快樂的葉子——臺灣茶葉

你喝茶嗎？就算不喝，一定也常聽大人說過包種茶、烏龍茶、鐵觀音這些名稱吧！

就像外國人總是愛喝咖啡一樣，我們臺灣人就愛喝茶，在許多人的生活中，一天沒有喝到幾杯茶，就會覺得全身不舒服，做什麼事情都提不起勁來。

臺灣從有歷史紀錄以來，就有茶葉的蹤跡，茶葉曾經是臺灣農業經濟最主要的作物，也是帶動大臺北繁華的最大推手，如今的臺灣到處都有茶喝，因為愛喝茶而產生的茶文化豐富又多元。這裡頭是怎樣的故事呢？讓我們一起來看看。

清朝柯朝過臺灣

臺灣寶島氣候溫暖，雨水充沛，而且土壤肥沃，非常適合各種動植物生存，據史書記載，三百多年前，在日月潭的山區裡就有野生的茶樹，那時候的茶樹因為都是自然生長的，都長得很高大，大約有一個樓層的高度，想像不到吧！而除了日月潭周邊，在現在的南投、埔里、水里等地方的深山裡，也都發現野生茶樹的身影，而且已經有泡成茶水飲用的紀錄，顯示我們臺灣的祖先們很早就懂得喝茶了。

但是，上面提到的野生山茶，並不是我們現在所喝的茶。那些野生茶雖然也能喝，但喝了容易拉肚子，並不適合常常飲用，再加上製茶的技術還不發達，所以，當時的茶並不是普遍的生活飲品。

那麼，我們今天喝的茶，又是怎麼出現的呢？

那是發生在清朝的故事，距今兩百多年前，嘉慶皇帝剛登基沒幾年，當時因為船運已經很發達，許多大陸沿海地區的居民紛紛渡海到臺灣來尋求發展，尤其是福建、廣東一帶的農民們，對於臺灣土地肥沃、農作物落地就能生根的傳說，都懷抱著美麗的憧憬。其中也包括柯朝。柯朝是誰呢？他是住在福建省武夷山的一位茶農，武夷山是大陸茶葉的重要產地，居住在武夷山的居民們，大多以種茶為生。當柯朝決定帶著茶葉到臺灣來發展時，他絕想不到自己正在創造臺灣的茶葉歷史呢。

西元一八一〇年某一天，柯朝搭了好久的船，終於一腳踏在臺灣的土地上，當他在臺北找到落腳處，沒有休息幾天，馬上就開始尋找適合種植茶樹的地方。最後在現在新北市的瑞芳區，終於找到令他滿意的環境。滿懷壯志的柯朝，用力的挖開臺灣的泥土，種下了他遠從武夷山區茶園裡帶來的茶樹種子。臺灣肥沃的土地，靜靜的孕育這些種子，這些茶種子便回報臺灣土地足以傲視全世界的絕美茶葉，這是臺灣最早種植茶樹的紀錄。

凍頂山的烏龍茶

柯朝種下茶樹之後沒幾年，茶在臺灣就已經廣為流傳，成了日常生活很普遍的飲料。四十幾年後，有一位出生在南投縣鹿谷鄉的人，叫做林鳳池，他想要到北京去參加朝廷的考試。林鳳池是個很聰明的人，從小就非常乖巧，深受全鄉居民的喜愛，他也非常用功讀書，很有學問，大家對他上京趕考的事情都非常贊成。但是，上京趕考的旅費可不是一筆小錢，林鳳池的家人根本負擔不起，所以，雖然林鳳池天資聰穎，也只得作罷。沒想到鄉里人士知道這件事以後，竟然發起全鄉捐款活動，湊錢讓他去北京參加考試，讓林鳳池非常感動。林鳳池果然不負眾望，考中了舉人，為自己跟鄉民們爭足了面子。在北京居住一段時日的林鳳池，眼界大開，尤其是對於北京人喝的茶，更是驚為天人，所以，當他獲准回鄉報喜訊時，他便帶回幾株「青心烏龍茶」的茶苗，分送給曾經幫助過他的鄉民們，報答他們的恩情。鄉民們將林鳳池送的茶苗種到田裡，恰好臺灣的土壤與氣候非常適合生長，長出來的茶葉品質非常高，泡出來的茶甚至比福建原產地出產的茶還好喝，一下子就成了搶手貨。由於林鳳池的家鄉是鹿谷鄉的凍頂山區，他從福建帶回來的茶樹也都種在凍頂山上，所以後世就將這種茶稱作「凍頂烏龍茶」，成為臺灣享譽世界的名茶。

英人促成茶葉商機

時間很快又過了好幾年，這時候的臺灣已經很熱鬧了，許多外國人都知道太平洋上有一座寶島，被稱做福爾摩莎，島上盛產蔗糖、樟腦和煤礦，全世界都愛用。一八六〇年，有位來自英國的商人約翰．陶德（John Dodd），來到臺北的大稻埕開了一家商行，主要做樟腦進出口的生意。陶德是個學習欲望很強的人，在臺灣住了幾年，生意穩定之後，他對臺灣各種風土民情產生了很大的興趣，其中包括臺灣的茶。陶德覺得臺灣的茶很好喝，應該要讓更多國外人士知道。他聘請了來自廈門的李春生當工作夥伴，請李春生從福建的安溪引進上等茶苗，接著，苦口婆心的說服那些原來種植樟樹的農人們轉種茶葉。一開始他們吃了很多閉門羹，因為當時樟腦還是臺灣最大的貿易商品，要說服農民們不種樟腦，改種茶，大家都覺得他們瘋了。

但是，陶德與李春生並不輕易放棄，為了說服農民們改種茶樹，他們不僅借錢給農民，還保證茶樹收成後一定會全數收購，漸漸的有些農家被說服了，願意改種茶葉，陶德與李春生算是取得第一步的成功。過了幾年，茶葉終於收成，經過繁複的製茶過程之後，成品讓陶德非常滿意。這時候，他開始發揮商人的專長，請人設計茶葉的包裝，還為茶葉取了一個「Formosa Oolong」的品牌名稱，原本只是民間很普通的飲料，一下子就變成了高貴精緻的商品，讓人不得不佩服陶德的商業頭腦。包裝成「Formosa Oolong」的臺灣茶到了美國，果然大受歡迎，一下子就銷售一空，有人捧著美金來還買不到。從此，全世界的人都知道了，臺灣除了是個樟腦王國，竟然還是個茶葉王國，尤其是美國人，那時幾乎都只喝來自臺灣的烏龍茶呢。

說到這裡，要附帶一提，那時候的臺北還僅只是臺灣的第三大城，但因為陶德與李春生引進茶葉種植的關係，茶葉的銷量很快就超越了中南部的各種產業，而因為北部茶葉的熱銷，臺北的商業力一躍變成了全臺灣最強的，尤其是當時人口最發達的大稻埕一帶，到處都是熱鬧的茶館與製茶場，茶葉給許多人帶來財富，所以被稱做「快樂的葉子」。

文山包種茶‧木柵鐵觀音

一八九五年是臺灣歷史上很重要的一年，因為甲午戰爭的關係，臺灣被滿清政府割讓給日本，成為日本的殖民地，時間長達五十年。

在日本統治時期的一九一六年，有一位叫做張迺妙的茶師，在一場品茶比賽中得到金牌，受到日本總督很大的讚賞，於是成為臺灣茶界的領袖。各地的茶農紛紛來向他學習，而他也不藏私，非常熱心的指導茶農們種茶、製茶的技術。因為那時候的茶農們大多分布在新北市的文山地區，文山地區出產的包種茶全臺聞名，後來就成為知名的「文山包種茶」。

比賽得獎之後，茶師張迺妙的聲名大噪，有一家位在木柵的茶葉公司聞名找上他，想要委託他到大陸福建去幫忙尋找好的茶樹，張迺妙便帶著同家族的兄弟張迺乾一起到福建去找茶，最後從福建的安溪帶回一千株的鐵觀音茶苗，種植在木柵地區（即現在的文山區）。張迺妙融合了大陸地區與自身經驗，製作出有別於大陸安溪鐵觀音的風味，成為日後知名的「木柵鐵觀音」。據說當時一斤鐵觀音可賣五百銀圓，換算起來，相當於現在的新臺幣十幾萬，簡直就像是可以喝的黃金一樣！

茶葉經濟的竄起，改變了臺灣的都市發展，雖然後來因為各國競爭的關係，臺灣茶葉外銷變少了，但是隨著時代進步，泡沫紅茶、珍珠奶茶還有罐裝的茶飲料等產品紛紛出現，茶的製造方式也運用了新的科技，臺灣喝茶的文化，不僅沒有消褪，反而越來越蓬勃發展了。

掌中樂趣多——臺灣布袋戲

說到布袋戲，史豔文、藏鏡人、素還真、一頁書等布袋戲角色，在臺灣可是鼎鼎有名的人物。臺灣的布袋戲獨步全球，不僅受邀進入國家劇院表演，還曾經拍成電影外銷到全世界，真正做到轟動武林、驚動萬教。你知道布袋戲是怎麼發展成今天的樣子嗎？

布袋戲又稱作掌中戲、布袋木偶戲、手袋傀儡戲、指花戲、大拇指戲等等。布袋戲的發源時間大約是在明朝，起源的地點是中國大陸的泉州，但究竟這樣奇特的表演方式是怎麼被發明的，目前還無可考查。

功名在掌上

不過，倒是有一個傳說挺有趣，故事是這樣的：據說在古代的中國泉州地區，有一個書生叫做梁炳麟，他天資聰穎，也很努力讀書，很早就考上了秀才。地方上的人們都以他為榮，期望他進京趕考，可以取得功名回鄉，他對自己也很有信心，覺得考中狀元到朝廷當官只是遲早的事情。但奇怪的是，幾次的京城會考，不要說狀元了，梁炳麟三個字連入圍上榜都沒有，大大打擊他的自信。

雖然如此，梁炳麟還是不放棄，來年繼續認真苦讀，準備考試。除了努力讀書，為了順利考上，原本不太相信鬼神的他，還特別跟朋友一起到廟裡去拜拜，希望天上的神明能保佑他。

結果，梁炳麟竟然真的夢見了一個白鬍子老神仙，老神仙笑盈盈的在他手上寫了五個字：「功名在掌上。」之後就消失不見了。梁炳麟從夢中醒來，看著夢裡被神仙題字的手，心想：「掌？手？手不就是拿來寫字的？這一定是神明的暗示，表示我的功名都在手掌上，我這次考試一定會金榜題名！」悟出這層道理，梁炳麟非常開心，高高興興的上京趕考去了。沒想到名單一放榜，他依然名落孫山！

這一次落榜，梁炳麟心灰意冷，落寞的收拾包袱回家鄉，再也沒有考取功名的想法了。他回到家鄉後，不再想考試，準備開始工作賺錢。他是書生，最厲害的就是說書，於是就在客棧酒樓經營說書人這門行業。在梁炳麟說書期間，有個傀儡戲師傅常常來聽他說書，覺得他的故事雖然生動，但光是用聽的，沒那麼精采，梁炳麟聽了覺得有道理，沒有多想，「咚」一下馬上雙膝跪地，拜這位偶戲師傅為師。

手藝學成之後，梁炳麟便用「提線傀儡」的方式，邊說故事邊用絲線控制戲偶表演，但提線傀儡的技術難度很高，而且不容易操控，每當故事說到精采處，梁炳麟手上的傀儡動作就跟不太上劇情，有時提線甚至還會打結，搞砸了一場說唱表演。梁炳麟苦惱之餘，也動腦筋思考讓戲偶動作更流暢的方式，最後終於讓他想到方法。他先把遙控戲偶的線都拿掉，接著將戲偶的身體改用布料製作，再以手掌穿進戲偶身體的布料中，用手指套著偶頭的方式表演。

雖然是全新的嘗試，但這個點子竟然大受歡迎，連梁炳麟自己都想像不到。

之後，梁炳麟又把自己發明的偶戲做了一點改進，還架個小小的戲臺，他自己躲在後臺說唱故事，而讓手上的戲偶在臺上表演。這個新鮮的表演方式，在鄰里之間造成了轟動，他也因此賺了大錢。有一天表演結束後，梁炳麟把套在手上的戲偶拿開，看到自己的手掌，不禁愣了一下，腦海裡突然想到幾年前那個夢，原來，神仙說的「功名在掌上」，靠的不是考試寫文章，而是發明布袋戲啊！

布袋戲到臺灣

至於「布袋戲」這個名稱是怎麼來的？有人說是這種戲偶本身看起來就像個開口向下的布袋；也有人說是因為演出布袋戲的戲臺，看起來就像一個超大布袋的關係。另外也有人說，早期演出布袋戲的人都是走江湖的郎中，為了到各地旅行作生意，就把戲偶全都收集在一個大布袋裡，方便攜帶。莫衷一是，但也都很有道理。

布袋戲在明朝出現後，雖然在中國大陸各地流行，卻也沒有造成風潮。之後，就跟許多生活習慣與文化風俗一樣，布袋戲這項技藝，也隨著大陸沿海居民來臺定居而輾轉傳進了臺灣，成為臺灣人茶餘飯後的消遣之一。

有趣的是，布袋戲進入臺灣後，就好像把種子撒在肥沃的土壤一樣，不僅觀賞的人更多，表演的方式也求新求變，不落俗套，受歡迎的布袋戲戲偶甚至還成為民眾崇拜的偶像，比發源地的泉州，更像布袋戲的故鄉。

目前的布袋戲大概可分為傳統布袋戲與現代布袋戲兩種。所謂傳統的布袋戲指的就是當初從大陸泉州傳過來的布袋戲。那時的布袋戲，名副其實就是掌中戲，每一個戲偶只要一個手掌就可以操控，演出的戲劇大多是比較安靜文雅的古典戲劇，跟現在廟會時可以看到，會噴乾冰、打打殺殺的那種布袋戲不同。

一般來說，布袋戲依照演出方式大致可分為「南管布袋戲」、「北管布袋戲」、「白字布袋戲」和「潮調布袋戲」等。其中的「白字布袋戲」，也就是用母語發音演出的布袋戲；而其他三種，則是以演出時背景彈奏的音樂做分類。

另外，如果我們依照演出的內容來看，則有以包公、施公等人辦案為主角的「公案戲」、以歷史故事為劇本的「歷史戲」、以武林俠客為主角的「劍俠戲」，晚期則慢慢演變成金光閃閃、瑞氣千條的「金光布袋戲」，甚至還登上電視，出現了「電視布袋戲」。除了上面提到的，在日本統治臺灣時期，臺灣還曾經出現過以日本人為主角的布袋戲呢，充分反映出布袋戲文化順應潮流的韌性。

布袋戲演出的場地就是戲臺，在戶外演出的稱為「野臺戲」，而在室內演出的就稱做「內臺戲」。野臺戲通常是在廟會或慶典時，人們為了酬神而花錢邀請來表演的，因為是在戶外表演給神明看的，所以人人都可以來看，不用收錢。而內臺戲則通常是戲院或布袋戲班子自己準備的演出，大多是要買票才能進去看。

轟動武林・驚動萬教

　　大致了解布袋戲的歷史和發展之後，我們回過頭來看看，為什麼布袋戲會在臺灣形成這麼有魅力的休閒娛樂，不僅聞名國際，甚至還有成千上萬的粉絲團呢？

　　大約在西元一九五〇年代左右，臺灣剛光復沒多久，布袋戲脫離了日本的限制之後，展現出蓬勃的生命力，開始出現大量的戲團。每個劇團都很用心發展自己的特色，讓布袋戲這種親民的娛樂表演

很快就像雨後春筍一樣，在各地迅速成長。這時候出現的劇團，因應時代進步，紛紛改變了布袋戲的演出方式，形成一種所謂「金光布袋戲」的表演類型，在臺灣布袋戲發展的歷史上，這一點非常、非常的重要。

什麼是「金光布袋戲」呢，最主要是將傳統的南管、北管這些比較優雅平靜、對白比較多的布袋戲情節，改成比較動感、武打場面比對白多的表演方式，演出的劇本重新編寫，表演時著重操弄技巧，比如打鬥時跳窗、在戲臺上噴乾冰、甚至噴火等特技。這些在當時算是非常炫的表演技巧，常讓臺下觀眾看得目瞪口呆，嘴都忘了閉上。布袋戲從此大流行，開始走進戲院，與傳統戲曲、電影、舞劇等表演藝術同場競技，西元一九五八年，布袋戲甚至拍成了電影，在電影院播出。

你也許會疑惑，為什麼叫做「金光布袋戲」呢？這有兩種說法，首先，布袋戲的表演從以前比較簡單平面的方式，變成了燈光閃閃爍爍，音效也震摑得嚇死人，為了表演更逼真，連布袋戲偶的尺寸都被放大，造型越來越魔幻，衣服也被改得金光閃閃，所以就有人稱這為「金光布袋戲」。另一種說法呢，是因為早期的布袋戲雖然也有武打戲，但強調的觀念都還是真實的武功，如少林派武功、武當派武功、峨嵋派武功等等，但到了金光的年代，劇情中的大俠開始有了天馬行空的武功，如光波氣功、劍氣、化光飛行、甚至法術等等，而且出現了所謂的「金剛不壞之身」，戲裡的高手幾乎打不死。而這金剛不壞之身的「金剛」兩個字，臺語的念法就跟「金光」一模一樣，所以從此被人稱為「金光布袋戲」。

在金光布袋戲團中，就數「五州園」的黃俊雄和「新興閣」的鍾任壁最為出色，因為他們的創意，帶領臺灣布袋戲走出一片天，尤其是鍾任壁，他與編戲大師吳天來創造出的「大俠百草翁」，稱得上是金光布袋戲歷史上的第一位明星。

時間慢慢來到西元一九六九年，這一年由臺灣布袋戲偶大師李天祿領軍的「亦宛然」布袋戲團，嘗試以紀錄片的方式，讓正在搬演的一齣《三國演義》布袋戲登上了電視螢幕，這是布袋戲與電視的第一次正式相遇。

西元一九七〇年三月一日，幾乎可以定為臺灣的布袋戲紀念日，因為由黃俊雄主演的《雲州大儒俠史豔文》布袋戲連續劇，就是在這一天登上電視螢幕，創造了臺灣布袋戲歷史上最長壽也最出名的偶像角色「史豔文」，並藉此展開了黃氏家族「霹靂布袋戲」的宏圖霸業。

也許你想問，史豔文到底是有多紅呢？

你聽過收視率這個詞嗎？當年的雲州大儒俠電視布袋戲，曾經創下高達百分之九十七的超高收視率，超高的收視率，使得布袋戲播出的時間裡，幾乎沒有人要上

班上學，政府不得不勒令停播。

雖然電視布袋戲被停播，但因為太受歡迎了，黃俊雄把布袋戲錄成錄影帶，自行販售，賺了大錢。賺了錢之後，黃俊雄一家人在雲林的老家，蓋了一個超級大的布袋戲片場，從此，雲林的虎尾

跟布袋戲這個詞就畫上了等號。西元二〇〇〇年初，由「霹靂國際多媒體股份有限公司」拍攝的彩色布袋戲電影《聖石傳說》上映，臺灣的票房還勝過迪士尼卡通電影《玩具總動員》呢！

「別人的失敗，就是我的快樂啦！」

「世事如棋，乾坤莫測，笑盡英雄！」

「順我者生，逆我者亡！」

這些布袋戲角色的出場臺詞，許多人都能朗朗上口，布袋戲深入臺灣的每個角落，甚至還發揚到全世界，我還聽過外國人用布袋戲來學臺語呢。

對布袋戲有興趣嗎？哪天如果有外國朋友來，也許可以介紹他們看看唷！

東方的歌劇——臺灣歌仔戲

「我身騎白馬走三關，改換素衣回中原。」聽過嗎？也許沒有，但你的爸爸媽媽或者阿公阿嬤，可能不僅聽過，也許還能唱上兩段。這是歌仔戲戲碼《薛平貴與王寶釧》裡，男主角薛平貴所唱的歌詞，可以算是歌仔戲裡的國歌。

歌仔戲是傳統戲曲，出現在距今一百多年前，一開始只是人民農忙之餘，一夥人聚在田邊或樹下簡單的娛樂活動，後來慢慢發展成完整的戲曲表演，如今已經是享譽國際的表演藝術，許多外國人都是透過歌仔戲來了解臺灣的。歌仔戲在臺灣是很普遍的戲劇類型，在許多迎神廟會或喜慶場合，都可以看到歌仔戲的演出。由於歌仔戲的曲調通俗易懂，人們接受度很高，甚至還曾被寫入流行音樂，引領風潮，非常有意思。

雖然人人都聽過歌仔戲，但關於歌仔戲的起源，知道的人恐怕很少。現在，我們就一起來了解東方歌劇——「歌仔戲」的歷史吧。

漳州「歌仔」到宜蘭

自從鄭成功時代之後，從大陸那邊渡海來臺灣發展的人越來越多，其中以福建省的泉州、漳州兩個地方移居來臺的人口最多。到了清朝末年的時候，臺灣的漢人人口已經很多了，有些人直接就近在沿海地區落腳，有些人則翻山越嶺，到臺灣東部發展。

宜蘭縣所在的蘭陽平原，因為有高山與海流當作屏障，不管是搭船或坐車都很不容易到達，再加上當時的蘭陽平原是原住民噶瑪蘭族的生活領域，漢人祖先想要進入蘭陽平原可不容易，險阻很多。但是，先民們開墾拓荒的毅力可是非常驚人的，雖然在拓墾過程中，因為險峻的地形或族群爭鬥而死傷的人很多，但最後終於也跟噶瑪蘭族達成協議，順利進入宜蘭定居，開始了漢人開拓宜蘭的歷史。

不是要講歌仔戲，為什麼會提到宜蘭呢？那是因為歌仔戲的發源地就在宜蘭。

漢人進入蘭陽平原發展之後，宜蘭的風光與文化也有了很大的改變。由於移民中大多是福建省泉州、漳州地方的人，因此，屬於漳州的傳統戲曲「歌仔」（又稱「錦歌」），也在宜蘭地區流傳開來，成為當地居民農閒時期的娛樂消遣，其中七個字組成一句，四句組成一段的所謂「七字調」，很適合以臺語念誦，聽過的人很容易就能朗朗上口，所以流傳很廣。然而，傳統的「歌仔」就只是一個人用簡單的樂器彈奏，以邊唱邊念的方式來說故事，跟現在的歌仔戲是完全不同的，反而比較接近另一種臺灣俗稱「念歌仔」的表演方式。

既然「歌仔」不能算是「歌仔戲」，那麼真正的「歌仔戲」又是怎麼產生的呢？

且讓我們順著歷史一路往下看。

雖然「歌仔」傳自福建漳州，但在臺灣特有的民情風俗影響下，也逐漸改變了表演的方式。「歌仔」這種念謠的方式固然有趣，但一個人表演終究單調了些，農民們經歷了枯燥勞動的一天，都希望看到更精采的娛樂演出。這時，有幾位聰明的表演者，如「歐來助」、「貓仔源」，腦筋變得快，想辦法把「歌仔」說說唱唱的表演精華，加上傳統「車鼓陣」這種兩人或多人對戲的表演方式，由幾個人共同演出，竟然就創造出一種熱鬧又詼諧的戲曲。為了與漳州「歌仔」有所區別，所以當時就把這種戲曲稱做「本地歌仔」。「本地歌仔」出現後，廣受宜蘭居民的喜愛，後來許多表演者也都仿效貓仔源的表演方式，開始普遍流行起來。

「本地歌仔」可以說是歌仔戲最早的模樣，臺灣人樂觀開放的天性，把原始的個人「說唱」表演，變成了多人的「戲劇」表演，而且還融合了幾種戲曲在裡頭，簡直是一種全新的創舉，這是非常不容易的。

克難的落地掃歌仔戲

上面提到的歌仔戲起源，發生的時間大約在西元一九〇〇年左右，當時的歌仔戲與現在的模樣還是不太一樣，除了演員的化妝、服裝和樂器比現在簡陋之外，最大的不同就在於——戲臺。

當時的歌仔戲還是一種很隨性的表演，幾個村民聚在一起，有個小空地就可以演出了，演出的場景和道具都是用想像的。雖然如此，但是表演總是要有空間，所以，每當演員要演出時，就會在一定大小空間的四個角落，矗立四枝竹竿，以規劃出表演範圍。另外，因為每次演出的場地都不一樣，定出範圍後，就要先把場地打掃乾淨，有些演員用掃把，有些演員就隨意用衣裙的下襬來揮掃地面的落葉與垃圾，所以這時的「本地歌仔」歌仔戲又被稱為「落地掃」。想想看，這樣的演出真是克難吧，但也令人非常敬佩呢！

除了沒有專屬的戲臺，落地掃時期的歌仔戲還有一點會讓你大吃一驚，如果你看過歌仔戲，應該會對戲中許多女生扮演男生的角色覺得很好奇吧，在落地掃時期的歌仔戲可是完全相反，那時候的演員清一色都是男生唷！因為當時民風保守，演戲這個行業並沒有受到很大的尊重，加上人們認為，女生出來拋頭露面是不好的事情，所以早期的歌仔戲角色全都是由男演員擔任的，許多男生都能把女生扮演得維妙維肖呢！

因為場地克難，服裝道具等等都只能靠想像，參與演出的演員也不多，所以大多只能演出一些簡單的情節段落，無法勝任一個完整的戲碼。那個時期的歌仔戲只能算是「小戲」，與其他已經發展成熟的南管戲曲、北管戲曲、京劇等大型的戲劇表演，差距還很大。

「落地掃歌仔戲」就這麼在村里鄉野間流傳著，因為演出詼諧逗趣，許多廟會或喜慶時，東家都會聘請一些唱歌仔戲的「歌仔陣」來串場演出。後來，在一次的廟會演出中，戲臺上唱著大戲，落地掃歌仔陣依然只能在臺下空地上表演，觀眾的目光都被臺上的目光吸引，沒幾個人認真看落地掃歌仔陣表演。熱鬧的廟會持續進行著，這時臺上的大戲提早唱完了，人們三三兩兩正準備離開。這時，正在演出歌仔戲的演員看見戲臺空著，趁機就跳上去，大演特演起來，沒想到這一演，把原本要離開的觀眾都拉了回來，表演結束後竟然還博得滿堂彩。從此，歌仔戲便從地面上的落地掃，登上了戲臺，進入歌仔戲的「野臺時期」。

野臺、內臺到影視

登上了戲臺，歌仔戲在社會上的身分地位也提高不少，許多喜慶場合都會邀請歌仔戲班去演出，慢慢的也成為許多廟會演出的主戲之一。這時的歌仔戲脫離了小戲的規模，繼續發揚它的包容性，還吸收其他如「四平戲」、「客家採茶戲」、「高甲戲」、「亂彈戲」甚至「京戲」的表演方式，開始有了服裝、道具、後場音樂、腳本創作等概念，演出的戲碼也越來越完整，越來越精采豐富，成為名副其實的「大戲」。「野臺歌仔戲」一直到今天都沒有消失，我們依然可以在許多廟會或喜慶的場合看到，是臺灣非常本土化的表演藝術。

野臺歌仔戲受歡迎的程度越來越熱烈，許多戲院的老闆看到商機，紛紛邀請他們到戲院裡演出，歌仔戲便這樣一路從野臺唱到內臺去，這是歌仔戲的「內臺時期」。這個時候的歌仔戲已經成為一種主流的娛樂表演，許多人都願意掏錢買戲票去看歌仔戲表演，各種歌仔戲班都在這個時候出現，國際知名的臺灣歌仔戲團「明華園」大約也是在這個時候成立的。雖然當時社會上普遍還是認為唱戲的沒出息，但在許多戲院商人的大力宣傳下，已經有許多人願意把兒女送去學戲，尤其

是窮困的人，總想著在戲班子裡至少還有口飯吃，而忍痛把兒女送進戲團，跟著戲團四處奔波演出。所以，儘管戲臺上的戲劇賺人熱淚，戲臺後的真實人生有時還比戲劇更感人呢。

到了一九五〇年代，歌仔戲甚至被拍成電影，成為一種特別的電影類型，也非常受到觀眾喜愛。時間繼續推動著歷史，一九六〇年代，影響人類最重要的家電產品——「電視」出現了。歌仔戲隨著潮流，也拍成電視連續劇。臺灣第一齣電視歌仔戲，就是由我們的歌仔戲國寶廖瓊枝女士主演的《白蛇傳》，造成大轟動，從此歌仔戲走入家家戶戶的電視螢幕裡，迎接了往後幾十年的電視歌仔戲盛況。

不可不知的名角

廖瓊枝女士是開創電視歌仔戲的先鋒，而緊接著她而來的，便是號稱臺灣歌仔戲第一小生的楊麗花。也許這個名字你並不熟悉，但是你的媽媽或奶奶們聽到這個名字可是會尖叫的！《白蛇傳》之後，臺灣第二齣電視歌仔戲叫作《精忠岳飛》，楊麗花女扮男裝飾演戲中主角岳飛，這次演出讓楊麗花成為臺灣的歌仔戲偶像，從此只要提到歌仔戲就會同時提到楊麗花。楊麗花的電視歌仔戲王國，從一九七〇年代一直紅到一九九〇年代，隨著電視螢幕的宣傳，把歌仔戲的知名度提升到前所未有的地位。

進入電視之後，因為製作的費用變多了，歌仔戲的場面越來越大，以往只能用想像的場景布置，現在都能拍攝實際的景色，以前只能騎竹子假裝騎馬，在電視裡已經可以騎真的馬，而且，只要演出一次，就能無數次重播，對於推廣歌仔戲藝術，有很大的幫助。

有了楊麗花在電視上的演出，歌仔戲成了臺灣主流的戲曲藝術。現在大家都很尊重歌仔戲這項藝術，歌仔戲的故鄉宜蘭，更在西元二〇〇二年打造了一座「傳統藝術中心」，時常邀請歌仔戲團進入園區表演。

而歷史悠久，堪稱臺灣最著名的歌仔戲團「明華園」，則是以不斷求新求變的舞臺設計與絢爛的聲光效果，帶著歌仔戲走出臺灣，登上世界各國的戲劇舞臺，精采的演出讓外國人看得連嘴都合不攏，讚美歌仔戲是「東方歌劇」。明華園的當家小生孫翠鳳（她也是女生唷），可以說是繼楊麗花之後，最知名的歌仔戲偶像明星了。感受到歌仔戲在民間的蓬勃發展，文建會也在西元二〇〇九年，將歌仔戲訂定為臺灣文化資產中的「重要傳統藝術」，大力推廣。

從「落地掃」到「東方歌劇」，歌仔戲這種戲曲藝術，忠實的呈現臺灣人刻苦耐勞、樂天、包容性強的特性，也吸引更多年輕一輩的表演藝術者加入，讓這項超過一百歲的臺灣表演文化，跟著世界一起進步，相信未來，歌仔戲一定還會這麼精采燦爛的走下去。

國家圖書館出版品預行編目資料

發現，臺灣風土之美／謝文賢作；詹迪薾繪 . -- 初版 . -- 臺北市：幼獅, 2015.02
面； 公分. --（散文館；14）

ISBN 978-957-574-988-0（平裝）

1.民俗 2.風俗 3.臺灣文化

538.833 104000224

・散文館014・

發現，臺灣風土之美

策 劃＝柯華葳
作 者＝謝文賢
繪 圖＝詹迪薾
出 版 者＝幼獅文化事業股份有限公司
發 行 人＝李鍾桂
總 經 理＝王華金
總 編 輯＝林碧琪
美術編輯＝游巧鈴
總 公 司＝10045臺北市重慶南路1段66-1號3樓
電 話＝(02)2311-2832
傳 真＝(02)2311-5368
郵政劃撥＝00033368

印 刷＝嘉伸印刷股份有限公司
定 價＝280元
港 幣＝93元
初 版＝2015.03
七 刷＝2020.07
書 號＝984193

幼獅樂讀網
http://www.youth.com.tw
e-mail:customer@youth.com.tw
幼獅購物網
http://shopping.youth.com.tw

行政院新聞局核准登記證局版臺業字第0143號

幼獅文化公司／讀者服務卡／

感謝您購買幼獅公司出版的好書！
為提升服務品質與出版更優質的圖書，敬請撥冗填寫後（免貼郵票）擲寄本公司，或傳真（傳真電話02-23115368），我們將參考您的意見、分享您的觀點，出版更多的好書。並不定期提供您相關書訊、活動、特惠專案等。謝謝！

基本資料

姓名：......................................先生／小姐

婚姻狀況：□已婚 □未婚　職業：□學生 □公教 □上班族 □家管 □其他

出生：民國..............年..............月..............日

電話：（公）..............（宅）..............（手機）..............

e-mail：......................................

聯絡地址：......................................

1.您所購買的書名：**發現，臺灣風土之美**

2.您通常以何種方式購書?：□1.書店買書 □2.網路購書 □3.傳真訂購 □4.郵局劃撥
（可複選）　□5.幼獅門市 □6.團體訂購 □7.其他

3.您是否曾買過幼獅其他出版品：□是，□1.圖書 □2.幼獅文藝 □3.幼獅少年
□否

4.您從何處得知本書訊息：□1.師長介紹 □2.朋友介紹 □3.幼獅少年雜誌
（可複選）　□4.幼獅文藝雜誌 □5.報章雜誌書評介紹..............報
□6.DM傳單、海報 □7.書店 □8.廣播(　　　　)
□9.電子報、edm □10.其他..............

5.您喜歡本書的原因：□1.作者 □2.書名 □3.內容 □4.封面設計 □5.其他

6.您不喜歡本書的原因：□1.作者 □2.書名 □3.內容 □4.封面設計 □5.其他

7.您希望得知的出版訊息：□1.青少年讀物 □2.兒童讀物 □3.親子叢書
□4.教師充電系列 □5.其他

8.您覺得本書的價格：□1.偏高 □2.合理 □3.偏低

9.讀完本書後您覺得：□1.很有收穫 □2.有收穫 □3.收穫不多 □4.沒收穫

10.敬請推薦親友，共同加入我們的閱讀計畫，我們將適時寄送相關書訊，以豐富書香與心靈的空間：

(1)姓名..............e-mail..............電話..............
(2)姓名..............e-mail..............電話..............
(3)姓名..............e-mail..............電話..............

11.您對本書或本公司的建議：

廣　告　回　信
臺北郵局登記證
臺北廣字第942號

請直接投郵　免貼郵票

10045　臺北市重慶南路一段66-1號3樓

幼獅文化事業股份有限公司

請沿虛線對折寄回

客服專線：02-23112832分機208　傳真：02-23115368

e-mail：customer@youth.com.tw

幼獅樂讀網http：//www.youth.com.tw